Früher so – heute anders

Christa Bohlmann

Früher so heute anders

Bibliografische Information der Deutschen Bibliothek:
Die Deutsche Bibliothek verzeichnet diese Publikation in
der Deutschen Nationalbibliografie; detaillierte Daten
sind über <http://dnb.ddb.de> abrufbar.
2021 Christa Bohlmann
Zeichnungen Petra Landau
Titlelfoto: Wolfgang Defort
Herstellung und Verlag: BoD - Books on Demand
Norderstedt
ISBN 9 783754 337059
 www.bod.de

Inhalt

Inhalt	Seite
Vorwort	9
Bettwäsche	11
Messer und Messertücher	17
Tabakwaren	21
Traritrara	25
Damenmode	30
Holzwürmer	38
Wasser	43
Heißes Wasser	48
Mäuse	53
Alles Lüge	58
Information	61

Telefon   65

Bäume   72

Fotografie   78

Eier   83

Wetter   87

Guter Rat   91

Kaffee   98

Apotheken   108

Hausbau   114

Schuhe und Schureparatur   121

Banken und Sparkassen   125

Hochzeit   133

Friedhof   145

8

Vorwort

Solange ich mich noch an Vieles erinnern konnte, das früher so ganz anders war, solange ich noch Flausen im Kopf hatte, machte es mir Freude, diese Gedanken in einem neuen Buch zusammenzutragen. Dabei bemühte ich mich, nicht zu häufig zurückzuschauen, um nicht die schönen Dinge zu übersehen, die noch vor mir liegen. Einige Leser werden das eine oder andere Thema vermissen, vermutlich habe ich in einem meiner drei anderen „Oma-Bücher" bereits darüber geschrieben.
Früher so, heute anders – wer mag entscheiden, welche Zeit besser war? Wir alle haben uns auf Weiterentwicklungen, Vereinfachungen und Verbesserungen eingestellt. Man sollte sich bewusst machen, dass jede Zeit ihren Reiz hat und dass wir immer (oder meistens) versucht haben, das Beste aus daraus zu machen.
In jeder dieser kleinen Geschichten stellt sich die Frage nach einem „WARUM", die sich jeder selbst beantworten mag.

Meine Wegbegleiter auch in diesem Buch: meine Eltern, meine Schwester Rosi, meine Großeltern, mein Mann Heinz, mein Sohn Andreas und Ingrid, die Tochter unserer Mitbewohner.

Mein Dank gilt wieder meinen Helfern:
Rosi für das Korrekturlesen
Petra für die wundervollen Zeichnungen und das Korrekturlesen
Eckhard, meinem technischen Berater
Wolfgang Defort für das Titelfoto
Heinz für seine Geduld.

Bleibt stark meine Lieben, vielleicht brauche ich eure Hilfe im nächsten Jahr wieder.

Bettwäsche

Immer wenn ich die Betten beziehe, denke
ich an zahlreiche Diskussionen darüber, ob
die Bettwäsche zum Waschen auf links oder
auf rechts gezogen werden soll. Ich drehe die
Bettbezüge auf links, das erleichtert immer-
hin das Aufziehen der frischen Wäsche.
Allerdings achte ich darauf, dass die Kissen-
bezüge auf rechts gedreht sind. WARUM?
Weiß ich nicht, aber das war früher eben
schon so und ich habe das von meiner Mutter
übernommen. Ich überlegte, denn schließlich
musste es dafür ja einen Grund geben. Dabei
bin ich zu folgendem Schluss gekommen:
Früher benutzten die Herren Frisiercreme,
wie Fit und Flott oder die einer anderen
Marke. Diese Cremes hinterließen sicher
Rückstände in den Haaren, die sich auf den
Kissenbezügen absetzten. Tägliches Duschen
und Haarewaschen war früher, als ich noch
Kind war, nicht üblich oder auch mangels
Dusche nicht möglich.
Früher war ein Federbett fast eine Selbst-
verständlichkeit. Wir hatten dank eigener
Gänse sogar feine Daunendecken, die jeden

Morgen kräftig aufgeschüttelt wurden. So sammelte sich in den oberen Kantenecken der Bezüge allerlei Fusselkram, der meist einen rötlichen Schimmer hatte. Vermutlich waren das Absonderungen vom roten Inlett, dazu gesellte sich bestimmt etwas Staub, vielleicht sogar Milben.

Es gab also Sinn, die Bezüge auf links zu ziehen.
Die Bezüge und Laken wurden gekocht, auf dem Waschbrett sauber gerubbelt, mehrfach gespült, gestärkt, getrocknet, wieder einge-sprengt, gezogen, nachdem die Bettbezüge wieder auf rechts gedreht worden waren.
Dann wurde die Bettwäsche zur Heißmangel

gebracht. Wenn sie die Mangeltortour überstanden hatte, legte Mutti die Wäsche in den Schrank und stapelte die Bezüge haargenau aufeinander. Wie hätte es ausgesehen, wenn da eine Webkante zu sehen gewesen wäre. Meist strich sie etwas stolz über den blütenweißen glänzenden Damast mit Blumen- oder Streifenmuster.

Weiter gab es unterschiedliche Meinungen: Sollte man die Knöpfe nach dem Abziehen schließen oder nicht. Früher wurden die Knöpfe nicht geschlossen, denn wenn die Bezüge zum Trocken an der Wäscheleine hingen, konnte der Wind hineinfahren und die Bezüge aufblähen, die so schneller trocknen konnten. Meistens war die Wäsche mit Leinenknöpfen versehen, die häufig unter der Mangel gelitten hatten und ausgewechselt werden mussten.

Heute haben die Bezüge oft einen Reißverschluss, den man natürlich schließt. Falls noch Knöpfe vorhanden sind, werden auch die zugeknöpft, denn sonst könnten sich andere Wäscheteile gern in einem Bezug verfangen. Beim Schleudern könnte sich das durchaus nachteilig erweisen.

Die Laken waren aus reinem Leinen, später aus feinerem Linon. Logisch, dass die Laken besonders in der Mitte abgenutzt waren und dünn oder sogar brüchig wurden. Dann schnitt Mutti die Laken längs in der Mitte durch und säumte die Schnittstellen. Da die Außenbereiche der Laken meist wie neu waren, fügte Mutti diese mit einer sauberen Kappnaht wieder zusammen. Wenn man allerdings nachts unglücklich auf einer solchen Naht zu liegen kam, konnte die schon schmerzhafte Druckstellen hinter-lassen.

Wenn so ein repariertes Laken weitere Schwachstellen aufwies, wurde es längst noch nicht vernichtet. Die vier Außenecken wurden von Mutti geprüft, ob sie noch tauglich waren. Mal nähte sie daraus ein Geschirrtuch, mal wurde so ein Stück selbstgewebtes Leinen gesäumt, hellblau bestickt und als hübsches Deckchen benutzt. Aus kleineren Stückchen entstanden Messertücher, aber das ist eine andere Geschichte. Was dann noch vom Laken übrig blieb, landete in der Waschküche im

Wandschrank, in dem die Männer Putz-
lappen verwahrten.
Wie hat sich doch die Zeit verändert.
Heißmangeln sind rar geworden. Bettwäsche
aus Biber, Frottee, Jersey, Seersucker oder
anderen Stoffarten kommen ohne Stärke und
Mangel aus. Waschmaschine und Trockner
erledigen die Aufgaben im Nullkommanix.
Und man kann sich freuen, dass die Bezüge
auf links gezogen sind, denn das macht das
Beziehen der Bettdecken zum Kinderspiel.

Dann stellt sich noch eine Frage:
Darf man zwischen Weihnachten und Neu-
jahr Wäsche waschen? Obwohl das ein alter
Brauch ist, halten sich noch heute einige
Hausfrauen daran. Der alte Brauch besagt,
dass man die Wäsche zwischen den Feier-
tagen nicht waschen soll, da sonst ein Mit-
glied des Hauses zu Tode kommt. Grund für
die Behauptung sollen die Raunächte sein.
Dabei handelt es sich sogar um zwölf
Nächte, sechs vor und sechs nach der
Wintersonnenwende.
Während der zwölf Raunächte war es
besonders wichtig, die Wohnung und den

Körper sauber zu halten. Es durfte weder Wäsche gewaschen, noch aufgehängt werden. Weiter sollte man nicht backen, verreisen oder schwer arbeiten. Vor allem sollte man nicht fegen.

Na, wenigstens frisch gewaschen in die schmuddeligen Betten.

Was es doch alles gibt oder gab?

Messer und Messertücher

Apropos Messertücher: Die hatten etwa die Größe eines Herrentaschentuches. Mutti hatte sie aus meist weißen Stoffresten genäht. Es gab auch pastellfarbene, die waren aus Vatis abgetragenen Sporthemden entstanden. Jeweils ein Messertuch lag in der Tischschublade neben den Bestecken. Löffel, Gabeln und Teelöffel wurden selbstverständlich abgewaschen. Die Klingen der Messer dagegen wurden lediglich mit dem Messertuch sauber abgewischt. Jetzt kaum noch vorstellbar, denn heute kommen die Bestecke schwupp in den Geschirrspüler und sind sauber. Auch hier stellt sich die Frage nach dem WARUM?

Die Messer vom Silberbesteck hatten zwar einen versilberten Griff, die Klinge dagegen war aus rostfreiem Stahl. Zwei Metalle also, die zusammen funktionieren mussten. Es war zu verhindern, dass Wasser in die Nahtstelle kam. Es konnte sich die Klinge lösen und das Messer wurde wertlos. Andere Messer hatten einen Perlmutt- oder Holzgriff und eine Klinge aus rostendem Stahl.

Klingen dieser Art wurden mit Ata geputzt. Sie nutzten schnell ab und wurden mit der Zeit dünner. Das kam nicht nur von der Nutzung, sondern auch vom Schleifen auf dem länglichen Wetzstein, der ebenfalls in der Tischschublade lag.
Ab und zu kam ein Scherenschleifer ins Haus, der natürlich auch die Messer schärfte.

Manchmal musste ein neues Küchenmesser angeschafft werden, weil das altersschwache Vorgängermodell abgenutzt war. Als meine Oma noch einigermaßen fit war, schälte sie täglich die Kartoffeln. Mit einem neuen Messer hatte sie oft Schwierigkeiten, vor allem, wenn die Klinge etwas anders geformt war. Dann sehe ich sie noch vor mir, wie sie um ein Pflaster bat mit den Worten:

„Dor hebb ik mi eben jüst inhecht." Sie hatte sich in den Daumen geschnitten. Ich erinnere mich an Oma, wie sie ein großes Brot in der einen Hand vor ihrer Brust festhielt. Mit der anderen Hand schnitt sie meist gleichmäßige Scheiben vom Brot ab. Dabei bewegte sie das Messer immer zum Körper hin. An kleine Unfälle oder Missgeschicke beim Brotschneiden kann ich mich nicht erinnern. Ist wohl immer gut gegangen.

Mir kommt noch ein Messertausch mit unserem Hausschlachter in den Sinn. Mutti tauschte ein Fleischmesser, das ihr viel zu scharf war, mit einem Messer, das für den Schlachter scheinbar nicht scharf genug war. Beide waren sehr zufrieden mit ihrem Handel.
Ein Gedanke geht noch an die riesigen Bestecke, die früher gebräuchlich waren. Gerade als Kind musste man ganz schön jonglieren, um das Essen schadfrei in den Mund zu bekommen. Die Umstellung auf die heute noch üblichen Dessertbestecke war ein wahrer Segen. Die Messer sind heute häufig aus einem Stück, damit sie bedenkenlos in

den Geschirrspüler können. Auch wenn Klinge und Heft aus verschiedenen Materialien sind, habe ich bei den heutigen Messern nie ein zerbrochenes oder defektes Exemplar gesehen.

Tabakwaren

Wenn ich an meinen Vater denke, sehe ich ihn vor mir mit einer Zigarre im Mund oder in der Hand. Oft „rauchte" er die Zigarre kalt weiter, hielt das Ende des Stummels zwischen den Lippen. Oder den Zähnen? Er konnte dann sogar sprechen, ohne den Zigarrenrest zu verlieren. Er rauchte gern und viel, auch in den Wohnräumen, aber das war früher normal.

Manchmal rauchte er auch Pfeife, kehrte aber immer wieder zu seinen geliebten Zigarren zurück.

Auch Opa rauchte Zigarren: Jeden Tag eine. Einmal monatlich mussten wir eine Kiste seiner Lieblingssorte für ihn kaufen. Sie kostete 9,70 Mark. Eigentlich zehn DM, aber es gab Kistenrabatt. Wenn Rosi die Zigarren für Opa besorgte, durfte sie die 30 Pfennig behalten. Manchmal drängelte ich mich vor und wollte die Besorgung übernehmen. Das habe ich nicht häufig gemacht, denn ich musste die 30 Pfennig immer wieder bei Opa abliefern.

Zum Geburtstag oder zu Weihnachten
bekamen die Herren was? Logisch: Zigarren.
Das waren manchnal ganz besondere, die
eine bunte Bauchbinde trugen. Die waren so
wunderschön, dass sie bald unsere Sammel-
leidenschaft weckten. Ganz besonders waren
auch edle Zigarren in einem Glasröhrchen.

Auf dem Nierentischchen im Wohnzimmer
stand eine Rauchgarnitur aus Messing und
im Stubenschrank hatte ein Rauchverzehrer
seinen Platz. Der Hirsch aus weißem
Porzellan mit Goldrand kam nur zu
besonderen Anlässen zum Einsatz. Es
faszinierte uns Kinder immer wieder, wenn
der Qualm durch das Licht im Bauch des

Hirsches im wahrsten Sinne des Wortes verzehrt wurde.

Rauchen war in, vielleicht sogar ein Statussymbol. („Das kann ich mir leisten!")

Auch ich habe leidenschaftlich geraucht, allerdings Zigaretten. Gut 40 Jahre lang, bis ich beschloss, mir den teuren Genuss abzugewöhnen. Ich war froh, nicht mehr mit Zigaretten und Feuerzeug rumzuschleppen, stattdessen schleppte ich bald stolze 13 Kilo Gewicht mehr mit mir herum. Ich stellte mir manchmal vor, ich würde eine Tür zu einem Raum öffnen, in dem sich die Kippen aller Zigaretten, die ich in meinem Leben geraucht hatte, befänden. Das wären verdammt viele.

Ich rauchte noch gerade, als den Rauchern das Leben erschwert wurde. Auf den Bahnhöfen hatte man sich auf dem Bahnsteig in kleinen Raucherzonen aufzuhalten und auch in den Zügen gab es bald keine Raucherabteile mehr. Rauchverbote in Restaurants und Gaststätten wurden verhängt, es gab nur noch wenige Raucherkneipen.

Oh wie gut, dass das so gekommen ist. Die Frage nach dem WARUM erübrigt sich fast.

Gut für die Umwelt, gut für die Gesundheit von Rauchern und Negativrauchern.

Ich muss gestehen, dass ich keine der meckernden Ex-Raucherinnen bin, denn ich schnuppere immer noch mal gern einen Hauch Zigarettenqualm, bin aber sicher, dass ich mich nicht wieder anstecken lasse.

Traritrara

…, die Post ist da. Bei der Post hat sich im Laufe der Jahre auch sehr viel verändert. Bei der gelben Post arbeiteten Beamte aus dem unteren, dem mittleren, dem höheren und dem gehobenen Dienst. Als Otto Normalverbraucher hatte man meistens mit Beamten der ersten beiden Gruppen zu tun. Der Postbote kam mit dem gelben Fahrrad oder zu Fuß und trug die Post aus: Briefe, Postkarten, bunte Ansichtskarten und Drucksachen. Ungewünschte Reklame war damals selten dabei. Ich erinnere mich noch an die schmalen Marken mit dem Aufdruck „Notopfer Berlin", die bis 1954 neben die Briefmarke geklebt wurden. Es waren Steuermarken im Wert von 2 Pfennig, sozusagen der Soli der 50er Jahre.
Die Städte im Umkreis wie Syke, Twistringen, Harpstedt und Sulingen hatten auch ein Postamt, Bassum hatte ein Postamt(V). Ich meinte immer, das müsse etwas besonderes sein. Das V stand für ein Postamt mit Verwaltungsdienst.

Man war vertraut mit „seinem" Zusteller,
denn der hatte seine feste Tour. Unschwer
konnte er besondere Feste ausmachen, denn
es häufte sich die Geburtstagspost für den
Jubilar. Dann gab's für den Postboten auch
den einen oder anderen Schluck oder ein
Glas von dem selbstgemachten Johannis-
beerwein.
Einmal hatte er an Opas Geburtstag wohl
einen Schluck zuviel getrunken, denn nach
dem Verlassen des Hauses lag er plötzlich
inmitten blühender Rosen. Die noch zu ver-
teilende Post lag im Vorgarten verstreut.
Heute weiß ich nicht mehr, wie die
Geschichte ausging.
In jedem Fall war den Zustellern das
Briefgeheimnis heilig, oder doch nicht?

Die Beamten hinter dem Postschalter waren
aus dem mittleren Dienst. Sie verkauften
nicht nur Briefmarken und Postkarten oder
nahmen Pakete an. Sie hatten mit Geld zu
tun, denn sie arbeiteten für das damalige
Postscheckamt, Postsparkassenamt und den
Post Spar- und Darlehnsverein. (Heute
Postbank und PSD Bank). Man hatte Respekt

vor diesen Beamten in den taubenblauen
Uniformen hinter der Glasscheibe.

Mehrfach täglich fuhr ein gelbes Postauto
von Briefkasten zu Briefkasten, um diese zu
leeren. Und davon gab es genug, fast an
jedem Anfang bzw. Ende einer Straße konnte
man einen solchen gelben Kasten finden.
Briefkästen sind heute ziemlich rar geworden
und werden höchstens zweimal täglich
geleert. WARUM? Durch Verständigung per
Email, WhatsApp, Internet gibt es nicht mehr
so viel Briefverkehr. Andererseits war es
sicher für die Fahrer kein Zuckerschlecken,
wegen der Leerung an einer Straßen-
mündung zu halten und den hupenden
Verkehr hinter sich zu wissen.

Heute erledigt man die Postangelegenheiten in einer Postagentur, die meistens in einem Kaufhaus, einem Supermarkt oder einem Fachgeschäft eingerichtet ist.
Läuft also – ohne Uniform und ohne Beamtenstatus.
Der Paketversand wächst und wächst, bedingt durch Bestellungen per Internet. Gerade in der Vorweihnachtszeit war wieder Hochbetrieb und man hatte Mitleid mit den Zustellern, die mit den gelben, neuerdings E-Lieferwagen unterwegs waren. Täglich sieht man die Autos mit der Aufschrift DHL und ich hatte schon so manches Mal gerätselt, wofür diese Buchstaben stehen. Deutsche, ja was? Wofür stehen das H und das L? Wie gut, dass man googeln kann, denn auf die Antwort wäre ich nie gekommen:
DHL ist ein deutscher, 1969 in San Francisco von
Adrian **D**alsey,
Larry **H**illblom und
Robert **L**ynn
gegründeter Paket- und Brief-Express-Dienst, der seit 2002 als DHL International

GmbH zum Konzern Deutsche Post DHL Group gehört.

Man lernt eben nie aus.

Erleichterungen bieten die Packstationen, die von den Zustellern bestückt werden. Da sie rund um die Uhr geöffnet sind, kann sich der Empfänger jederzeit sein Päckchen abholen.

Damenmode

Wie jedes andere Mädchen mochten auch wir schick gekleidet sein. Dabei galt allerdings ein Gebot: Niemals durfte man die Farben grün und blau miteinander kombinieren. Wer es dennoch trug, wurde gehänselt: „Grün und blau schmückt die Sau!" Ja, Kinder können grausam sein, auch kleine Mädchen. Doch dann kamen Schottenröcke in Mode. Karierte Röcke, vorn offen, nur mit einer riesigen Sicherheitsnadel geschlossen. Nicht selten gab es diese Röcke in grün und blau gemustert und wenn wir ehrlich waren, sahen sie sogar toll aus. Die Mutter einer Klassen-kameradin sagte einmal zu diesem Thema: „Alles, was die Natur hervor bringt, passt zusammen. Sonst gäbe es keine blauen Blumen: keine Stiefmütterchen, Hyazinthen, Kornblumen oder Perlblumen."
In den 50er Jahren war ich fast noch zu jung für die hübsche Mode. Klar, auch ich trug einen Petticoat, der die Röcke bauschig aussehen ließ und sie beim Gehen zum Schwingen brachte. Da machten sich die fast

drei Jahre Altersunterschied zu Rosi durchaus bemerkbar. Die Rockabilly-Kleider mit dem breiten Gürtel um die enge Taille gelegt, betonten die Kurven. Bei mir war das oben zunächst noch alles platt und die Kleider mit den weiten Röcken kamen bei mir nicht so zu Geltung. Als mein Busen dann auch die Oberteile ausfüllte, gab es inzwischen eine neue Mode: Man trug ein Prinzesskleid, das in der Taille durchgehend geschnitten war und durch Längsnähte betont wurde.

Kaum hatte man sich daran gewöhnt, trug Rosi, die ja mein Vorbild war, H-Linie-Kleider, die eine gerade Silhouette hatten. Die Oberteile lagen relativ eng am Körper und als Clou war die Taillennaht tiefer gesetzt, dazu kam ein nicht zu enger Rock. Abgelöst wurde diese Kleider durch Sack-kleider, die tatsächlich wie ein Sack geschnitten waren. Abnäher gab es schon im Oberteil, doch sonst hing so ein Kleid ziemlich leger um den Körper. Oft sah man Streifen- oder Tupfenmuster in allen Farben Mein Idol aus dieser Zeit war unbestritten Audrey Hepurn, denn genauso hätte ich gerne ausgesehen. Ich war ganz verzückt, wenn ich Bilder von ihr fand, auf denen sie eine „Pillbox" trug, ein kleines Hütchen, das auf dem Hinterkopf getragen wurde.

In den Sixties hielt der Minirock Einzug, oft zum Ärger der Älteren, die diese Mode für unsittlich hielten. Die Männerwelt freute es. Zunächst ging der Rocksaum eine Handbreit übers Knie und nach und nach trug man die Röcke und Kleider so kurz, dass sie gerade den Po bedeckten. Sicher gab es Auswüchse, denn einige Damen übertrieben bei der Rocklänge, oder besser der „Rockkürze". Und einige Damen hätten besser daran getan, einen längeren Rock zu tragen, denn der Minirock war für Mollige ungeeignet.

Ende der 60er Jahre trugen nicht nur die Hippiemädchen lockere Kleider, meist mit buntem Blumenmuster.

Ich erinnere mich noch an Kleider aus neu entwickelten Kunststoffen wie Diolen Loft und Trevira 2000. Nyltest-Blusen (und -Hemden für die Herren) waren der letzte Schrei. Sie waren zwar bügelfrei, aber sehr schnell wurde man mit den Nachteilen konfrontiert. Man schwitzte stark darin, und

entsprechend duftete die Kleidung auch, Außerdem vergilbten weiße Blusen und Hemden sehr schnell.
Die Damenwelt trug Mini, Midi und Maxi – kurz, wadenlang und lang.

In den 70ern hielten die Hosenanzüge Einzug. Auf den Kleiderstoffen sah man große bunte Muster, wie man sie auf den Tapeten wiederentdecken konnte. Die modische Dame trug Hosen mit Schlag, je weiter der untere Hosenabschluss, desto besser. Dazu sah man lange Oberteile, oft mit Folklore-Muster, die bis zum Ober- schenkel reichten. Die Haare, zur Löwen- mähne gestylt, ergänzten das Modebild der 70er.

In den 80ern setzten sich Karottenhosen durch. Viele Damen schwärmten von einer schicken Latzhose, die allerdings den Toilettengang erschwerte und sich nicht durchsetzte. Und dann hielten die Leggings ihren Einzug. Einige Damen mit kräftigen Oberschenkeln in Leggings waren nicht unbedingt eine Augenweide. Kaum hatte man sich an Puffärmel gewöhnt, setzten sich Schulterpolster durch. Die machten unnatürlich breite Schultern, aber die Damen fanden das schick. Blazer wurden angeboten und man trug viel Schmuck.

In den 90ern verschwanden die Schulterpolster nach und nach und es waren Kombis angesagt. Die Damen trugen ein Top oder auch ein Kleid übers T-Shirt oder über der Jeans. Bauchfrei war in, und das trugen auch einige, die viel Bauch zu bieten hatten, Zu viel Bauch! Babydoll-Kleider wurden getragen, dazu eine Jeansjacke und möglichst Militärstiefel. Man sah die ersten Tattoos und Piercings.
Häufig stolzierten die Damen in Korksandalen mit Plateausohlen. Nicht jede konnte sich damit elegant fortbewegen.

Ab 2000 sah man vermehrt Sneakers, die es schon in den 80ern gab, sich da aber noch nicht durchsetzen konnten. Alles was an die Hip-Hop oder Skater-Szene erinnert, wurde getragen: Basecaps, Mützen, Goldkettchen Jogginghosen und Hoodies. Hoodies? Das

sind Kapuzenpullover, die hübsch aussehen können. Sie wurden allerdings auch beliebtes Kleidungsstück für Einbrecher und andere Gauner, die unerkannt bleiben wollten. Im Schrank der modischen Dame hingen die Röhrenjeans neben Ballonhosen.
Häufig sah man Rastalocken, und das nicht nur im Fernsehen. Tatoos wurden immer beliebter und so manch ein Hirschgeweih wurde gestochen.
Ob weiblich oder männlich – viele Menschen hatten sich auf schwarze Kleidung einge-stellt, denn wer schwarz trägt, wirkt ehr-geizig, intelligent und seriös. Das geheimnis-volle Schwarz lässt Menschen unnahbar erscheinen. Andere schwarz gekleidete Menschen bezeichnete man als Grufti, womit ironisch ein altmodischer Anhänger der Gothik-Kultur aus den 80ern gemeint war.

Für die Mode der 2010er Jahre mag mir nicht recht etwas einfallen. „Jeder trägt, was gefällt", würde ich meinen. Tag für Tag kann man sich 24 Stunden lang im Internet die tollste Garderobe aussuchen und bestellen. Bei Nichtgefallen zurückschicken oder die

Teile ein paar Mal tragen und sie dann möglichst wieder veräußern. Lieblingsteile dürfen länger bleiben, einige erinnern querbeet an die Mode der letzten Jahrzehnte.

Dass die Menschen, Weiblein und Männlein mit aufgekrempelten Hosenbeinen knöchelfrei unterwegs waren, kannte man vorher allerdings nicht.

Vielleicht bin ich als Rentnerin auch nicht mehr up to date, dass mir keine Mode- oder Farbtrends zu den 2010er Jahren einfallen wollen.

Ein Teil setzte sich 2020 durch, mal gestreift, mal getupft, manchmal geblümt oder abstrakt oder auch nur unifarben: Die einen nennen es Snutenpulli, andere sagen Maultäschle dazu, oder auch Mund- und Nasenschutz zum Schutz vor COVID19-Viren. Diese bunten Masken wurden schon bald wieder in die Schränke verbannt, weil sie keinen ausreichenden Schutz boten.

Ein Kleidungsstück konnte sich über ein paar Jahrzehnte halten. Die Kittelschürze löste die Latz- oder Halbschürze ab. Diese Kasacks aus Nyltest oder Baumwolle hatten meist bunte Muster und wurden im Haushalt und im Garten über der Kleidung getragen. Meist waren die Kittelschürzen dreiviertellang. Es war kein schöner Anblick, wenn die Hausfrauen damit unterwegs waren. Oft trugen sie auch noch eine Strickjacke darüber. Dann konnte sie mit diesem Farb- und Mustermix ganz schön daneben liegen. Sonntags war auch nicht kittelschürzenfrei, dann trug die Hausfrau eine unifarbene, meist eine weiße.

Ich denke, es war vor allem in den 70er und 80er Jahren, in denen die Modefarben eine große Rolle spielten. Man wartete direkt auf den neuen Trend, und so herrschte mal die Farbe lila im Schrank vor. Im nächsten Jahr war lila total out und der neue Schrei war vielleicht orange. Egal, ob es einem stand oder nicht.

Ich selbst habe auch viele Modetrends mitgemacht, aber eher moderat. Und an dieser Stelle frage ich mich: WARUM? Als Antwort fällt mir ein: Weil ich immer einen Spiegel zuhause hatte.

Holzwürmer

Als neulich im Gespräch ein Tischler
scherzhaft als Holzwurm bezeichnet wurde,
kamen mir Gedanken zum tatsächlichen
Holzwurm in den Sinn. Als ich noch Kind
war, hatte ich so manches Häuflein Säge-
mehl nicht nur unter Omas Kommode
gefunden. Kreisrunde kleine Löchlein
bestätigten die Existenz von Holzwürmern.
In Türen, Möbelstücken, im Brennholz und
im Dachgebälk fanden wir kleine runde
Löcher und besagtes helles Holzmehl. Die
Erwachsenen fragten, ob ich den Holzwurm
denn auch gehörte habe, was ich entschieden
verneinen konnte. So ein kleiner Wurm
konnte doch keinen Krach machen.
In den 60er und 70er Jahren wurden
Antiquitäten gesucht und Händler,
vorwiegend aus Holland, interessierten sich
für alte Möbelstücke, wobei sie wurm-
stichige am meisten schätzten.
Heute? Weder in Möbeln, Türen oder
Treppen sieht man heutzutage noch
Holzwurmlöcher. WARUM? fragte ich mich
und machte mich schlau.

Möbel und Türen sind heute meist aus furnierten Spanholzplatten hergestellt und daran beißt sich der Holzwurm vermutlich die Zähne aus. Hochwertige Massivholzmöbel sind teuer und eher selten. Sicher wird das Holz vor Verarbeitung entsprechend präpariert. Ich bin ziemlich sicher, dass die Holzbalken für Dachkonstruktionen zum Nachteil der Schädlinge vorbehandelt wurden.

Jetzt wollte ich es wissen und schaute im Internet nach. Der Holzwurm ist ein Käfer und zwar der gemeine oder gewöhnliche Nagekäfer. Wer hätte das gedacht?

Dieser Käfer legt seine Eier in Holzspalten ab, wobei er verbautes Holz, also niemals frisches Holz wählt.

Die aus den Eiern schlüpfenden Larven verursachen tatsächlich knabbernde und knuspernde Geräusche. Manchmal sind auch Klopfgeräusche zu hören, die früher als böses Omen galten und Vorzeichen des nahenden Todes waren. Die Larven fressen sich durchs Holz. Nach einiger Zeit verpuppt sich die Larve und aus der Puppe schlüpft ein geschlechtsreifer Käfer.

Aktive Larven hinterlassen etwa 2 mm große Löcher, aus denen das Holzmehl quillt.

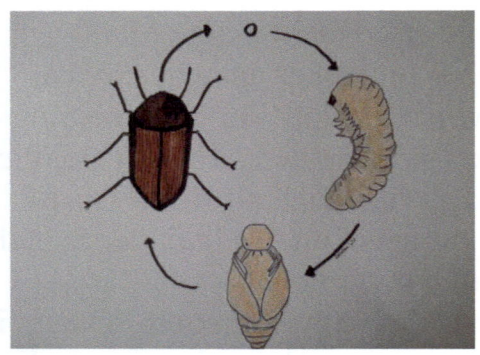

Manch ein Antiquitätenhändler soll vergeblich versucht haben, Wurmlöcher herzustellen.
Der Nagekäfer bevorzugt eine Holzfeuchtigkeit von zehn Prozent. Er mag weder große Hitze noch eisige Kälte. Eine alte Truhe könnte man demnach vom Holzwurm befreien, indem man sie extremen Temperaturen aussetzt. Mit alten Kirchenbänken, Holz aus Stallungen und Dachkonstruktionen ist das leider kaum möglich. Es soll auch Leute geben, die den Holzwürmern- oder besser den Käfern mit einem Föhn zuleibe gerückt sind.

Jetzt weiß ich auch, WARUM die Erwachsenen manchmal an einem befallenen Möbelstück klopften. So konnten sie hören, inwieweit das Holz bereits ausgehöhlt war.

Als ich noch klein war, musste einer unserer Kirschbäume gefällt werden. Die Erwachsenen wussten. wie edel und teuer Kirschholz war. Aus diesem Grund organisierten sie den Transport des Stammes zum Sägewerk, um ihn in dicke Bohlen sägen zu lassen. Zunächst wusste keiner, wie gesund das Holz war, denn das war erst nach dem Sägen offensichtlich. Sie hatten Glück, denn das Kirschholz war von guter Qualität.
Die Bohlen wurden jetzt über eine Leiter auf den Stallboden verfrachtet und dicht unter der Dachschräge abgelegt. Zwischen zwei Brettern steckten die Erwachsenen jeweils Holzleisten, damit die Luft besser zirkulieren und das Holz in Ruhe trocknen konnte.
Ungefähr 20 Jahre später kam das Kirschholz wieder ins Gespräch, weil man Verwendung dafür gefunden hatte. Als mein Vater die Plane anhob, war schon gleich zu erkennen,

dass die Holzwürmer hier wohl einen Leckerbissen gefunden hatten. Das edle Kirschholz war leider nicht mehr zu verwenden.

Wasser

In der Grundschule hörten wir von unserem Lehrer eine Weisheit, die ich nie vergessen habe: „Feuer und Wasser sind gute Diener, aber schlechte Herren."
Wie wahr dieser Spruch! Ich glaube, dass das damals eine Erklärung nach einem Großfeuer war. In dem Fall haben wir gleich zwei der Elemente, Feuer als Herr und Wasser als Diener.
Mein Elternhaus wurde von meinem Großvater im Jahr 1900 erbaut. Auf dem Grundstück gab es einen Brunnen, aus dem wir uns mit Wasser für jeden Zweck versorgten. Als zwei Jahre später das Nachbarhaus gebaut wurde, versorgte unser Brunnen auch den Haushalt der Nachbarn. Lange Jahre reichte das Wasser für alle. In unserer Waschküche befand sich die große Pumpe mit einer blanken Messingkugel am Schwengelende. In unserer Küche hing ein weißer emaillierter Eimer an einem schweren Eisenhaken. Am Eimerrand hing eine Kelle, die ebenfalls weiß emailliert war. Hatte einer Durst, so langte er eine Kelle voll Wasser

aus dem Eimer und stillte den Durst. Die Kelle wurde wieder über den Eimerrand gehängt, bereit für den nächsten Durstigen. Auch in Omas und Opas Küche stand ein solcher Eimer in einer Nische.

Unser Wasser war klar und schmeckte gut. Der Nachbar mästete Schweine, in guten Zeiten hatte er 80 Stück im Stall. In einem sehr heißen Sommer geschah das Unfassbare: Soviel man auch pumpte, es kam kein Wasser zum Vorschein. WARUM war das so? Nachdem sichergestellt war, dass die Pumpe intakt war, mussten wir erfahren, dass unser Brunnen trocken war. Die Quelle gab nichts mehr her. Schlimme Situation für Mensch und Tier.

Zunächst kam ein Wünschelrutengänger, der mit seiner Weidenzwille in den Händen nach einer neuen Quelle suchte. Vergeblich. Nur über dem vorhandenen Brunnen schlug die Rute aus. Es musste also der Ringbrunnen vertieft werden. Im Brunnen wurde ein Bohrbrunnen angelegt und siehe da, die Quelle sprudelte wieder.

Es wird in den 60er Jahren gewesen sein, als die Wasserversorgung über den

„Oldenburgisch Ostfriesischer Wasser-
verband" angeboten wurde. Die Einwohner
wurden aufgefordert, ihr Brunnenwasser
vom Gesundheitsamt untersuchen zu lassen.
Die Wege und Kosten haben wir gespart und
uns gleich für die Wasserleitung entschieden.
Seltsam, auf einmal lief das Wasser aus der
Wand. Vorbei mit dem weißen Eimer und
der Kelle. Zunächst wollte uns das Wasser
nicht so gut schmecken, aber da waren wir
wohl voreingenommen.

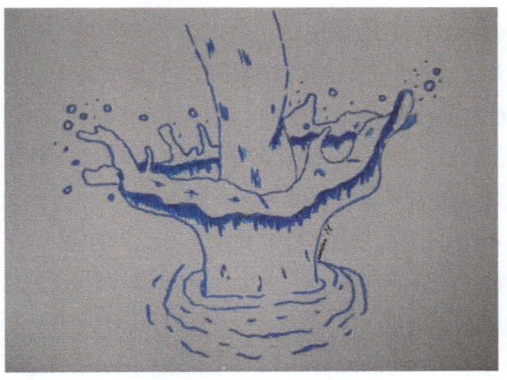

Ungewohnt, jetzt mussten wir für Wasser
bezahlen! Und bald auch dafür, dass wir es
wieder loswerden konnten.

Heute ist es zur Selbstverständlichkeit geworden, dass wir ständing mit gutem Trinkwasser versorgt werden. Lange Gesichter gab es in den heißen Sommermonaten in den letzten drei Jahren, denn da mussten die Menschen wegen anhaltender Hitze Einschränkungen hinnehmen. Felder durften nicht mehr bewässert werden und auch Pools sollten nicht befüllt werden. Welch ein Unterschied? Ertragsreduzierung oder purer Luxus? Zum Glück konnten anhaltende Regenfälle die Reserven wieder ziemlich auffüllen.

Ja, früher gab es auch starke Gewitter, aber anhaltenden Starkregen kannten wir nicht. Starkregen, der in kurzer Zeit kleine Bäche zu reißenden Flüssen werden lässt. Sturmfluten drücken Wasser ins Land und gefährden die Natur: Menschen, Tiere und Pflanzen. Damals, als es noch schneite, ließ das Schmelzwasser die Flüsse über die Ufer steigen. In diesen Fällen war das Wasser wieder ein schlechter Herr. Angst macht uns das Schmelzen der Pole und der Gletscher. Es wäre so zu wünschen, dass der Klimawandel aufgehalten werden kann.

Wasser? Was wäre die Feuerwehr ohne Wasser? In diesem Fall ist es wieder ein guter Diener.

Die „Peheiros" sangen in den 50er Jahren ihren Hit: Wasser ist zum Waschen und zeigten auf, wie unersetzlich unser Wasser doch ist. Wir verwenden Wasser nach Belieben, mal wird's gekocht und mal gefroren. Unter der Dusche wählen wir die ideale Temperatur.

Wasser in den Pfützen war schon immer ein Anziehungspunkt für kleine Kinderfüße.

Und noch eins – Bier besteht auch nicht nur aus Hopfen und Malz.

Heißes Wasser

Ich erinnere mich noch daran, dass ständig
ein gefüllter Wasserkessel auf dem Herd-
feuer stand. Heißes, bzw. kochendes Wasser
war meistens bereit zum Kaffee- oder Tee-
kochen, zur Körperpflege oder zum
Abwaschen. So ein Wasserkessel stand auch
in Omas Küche auf dem Herd. Um den
Kochvorgang zu beschleunigen, legte man
ein Stück Holz auf die Glut, das sich schnell
entflammte. Oft holte Mutti das erhitzte
Wasser aus Omas Kessel, denn sie benötigte
mehr davon, weil sie für alle sechs Personen
kochte und den Abwasch erledigte, nachdem
Omas Gesundheitszustand es nicht mehr
zuließ.
Ich kenne noch die unterschiedlichsten
Wasserkessel: Da waren die leichten blanken
aus Aluminium, die meist nicht lange
hielten. Dann gab es emaillierte in hellen
Pastellfarben. Es gab diese als Flötenkessel.
Der gab einen schrillen Pfeifton ab, wenn das
Wasser brodelte und der Dampf entwich. So
ein „Fleutschenketel" hatte aber auch
Nachteile. WARUM? Er hatte wegen der

aufsetzbaren Pfeife eine Tülle, die zum Ausgießen schlecht geeignet war. Die emaillierten Wasserkessel ohne Pfeife hatten da schon eine zum Gießen besser geeignete Tülle, die abgeflacht war. Später glänzte auf Muttis Herd ein hochwertiger Wasserkessel aus Edelstahl.

Es konnte vorkommen, dass ein Wasserkessel „trocken gekocht" war , das konnte passieren, wenn der Kessel längere Zeit ohne Beaufsichtigung auf der Herdplatte gestanden hatte, bis der Inhalt verdunstet war.

Dann bröselte die innere Emailleschicht ab und der Kessel fing an zu rosten. Höchste Zeit, einen neuen zu kaufen.

Im Sommer brannte das Herdfeuer nicht ständig, also musste das Wasser im Kessel ganz früher auf dem Gasherd, später auf dem Elektroherd erhitzt werden.

Dann gab es ein neues Gerät: Der Tauchsieder war auf den Markt gekommen und auch wir hatten bald solch ein Gerät zuhause. Die Tauchsieder waren damals einfachst und waren keineswegs vergleichbar mit den heute angebotenen Geräten. Sie wurden in

ein mit Wasser gefülltes hohes Gefäß
gehängt, um das Wasser zum Sieden zu
bringen. Es handelte sich im Grunde um
Rohrheizkörper, die mit Kabel und Stecker
versehen waren. Am unteren Ende befand
sich die Heizspirale aus Metall und oben der
isolierte Griff. Es gab keine Schutz-
vorrichtung und so konnte es passieren, dass
das Gerät weiter heizte, wenn das Wasser
verkocht war oder der Topf umgefallen war.
Ganz bestimmt entsprechen die heute
angebotenen Tauchsieder den Sicherheits-
normen, dennoch sind sie ziemlich aus der
Mode gekommen. Beliebt waren damals
auch die Miniausgaben, die Reisetauch-
sieder.
Anfang der 80er Jahre kam ein neues Gerät
auf den Markt – ein elektrischer Eierkocher.
Auch hier handelte es sich um einfachste
Technik. Es war ein kleines rundes Töpfchen
aus leichtem Metall, vermutlich Aluminium,
in dem unten offen eine Heizspirale lag. Ein
Plastikhalter für maximal vier Eier wurde in
den Eierkocher gehängt. Also, ausreichend
Wasser rein, Eier in die Halterung, Deckel
drauf, Stecker in die Steckdose, die Uhr im

Auge behalten und schon gings los. Das Wasser verkochte nicht gänzlich, so wie es bei den heutigen Eierkochern üblich ist. Eine besonders sparsame Frau hatte sich auch einen solchen Eierkocher gegönnt und sie schwärmte: „Jeden Morgen koche ich mir ein Frühstücksei. Dann habe ich auch gleich das kochende Wasser für meinen Kaffee!"
Igitt!
Wenn früher größere Mengen Heißwasser benötigt wurden, kam der Einkochapparat zum Einsatz. Das war jeden Samstag der Fall, wenn es um das wöchentliche Bade-ritual ging.
Als wir Ende der 60er Jahre die Hauswasser-versorgung und die neue Heizungsanlage bekamen, hatten wir keine Heißwasser-versorgung dabei. Jetzt hing in der Küche ein fünf Liter fassender Boiler, in dem wir das Wasser zum Kaffeekochen und zum Abwaschen erhitzten. Im Badezimmer hing ebenfalls ein Boiler, in dem soviel Wasser erhitzt wurde, dass es zum einmaligen Duschen reichte. Der nächste Duschwillige musste etwas warten, bis der Boiler wieder liefern konnte.

Wie ist es doch heute komfortabel: Man dreht den Wasserhahn auf und kann die gewünschte Menge Heißwasser entnehmen. Wer heute eine kleinere Menge kochendes Wasser benötigt, der greift zum Wasserkocher. Andere schwören auf die Mikrowelle oder das Erhitzen des Wassers auf dem Induktionsherd. Möglichkeiten gibt's diverse – wir sind ganz schön verwöhnt.

Mäuse

Mäuse – diese lästigen Nager mochte ich noch nie. Als ich noch Kind war, bin ich ihnen zwangsläufig häufiger begegnet. Unser Plumpsklo befand sich am Ende des Stallgebäudes. Wollten wir es benutzen, mussten wir über den Flur, dann durch die Waschküche, die Diele und schließlich durch den Stall gehen, um das stille Örtchen aufzusuchen. In der Diele hatten die Ziegen ihren Stall und es wurde das Futtermehl für die Schweine aufbewahrt. Gerade abends wurden die Mäuse aktiv und sausten über den Gang von einer Seite zur anderen. In den äußersten Ecken der Schweinetröge suchten sie vermutlich nach Leckereien. Ich schrie jedes Mal, wenn mir so ein graues Mäuschen über den Weg lief. Im Stall hatten die Mäuse es in der Nähe der Schweine sicher viel wärmer als draußen. Ich meine auch, dass die Plage im Herbst und Winter größer war. Aber da musste ich durch, der Gang zum Klo war nicht zu vermeiden. Es gab keine andere Lösung: Wat mutt, dat mutt. Ich habe mich nie an die huschenden Vierbeiner mit dem langen Schwanz gewöhnen können.

Als Oma noch fit war, war sie wohl die Mausefallenexpertin. Wir hatten eine Lebendfalle. Das war ein Holzkasten mit einem Deckel aus feinem Drahtgeflecht. Ins Innere streute Oma etwas Grütze, dann spannte sie mit einem Zwirnsfaden eine Klappe, welche die Kiste gnadenlos verschloss, sobald die Maus den Faden durchgebissen hatte, um an die Grütze – ihre Henkersmahlzeit - zu kommen. Wenn morgens eine Maus in der Falle gefangen war, holte Oma einen Zinkeimer mit Wasser und stellte diesen nach draußen. Sie öffnete die „Falltür" und versuchte, die Maus über den Eimer ins Wasser laufen zu lassen. Die raste ein paar Runde in dem Eimer, bis sie das Zeitliche segnete. Ein paar Mal habe ich mir dieses Schauspiel angesehen. Fand ich auch nicht schön, war aber froh, dass dieses Opfer mich nicht mehr in Stall erschrecken würde. Manchmal war die Maus auch schneller und konnte noch rechtzeitig entwischen.

Irgendwann äußerten Rosi und ich einen Wunsch: Wir wollten eine kleine Katze haben. Rosis Freundin Edith hatte eine zu vergeben. Natürlich mussten wir erst Opa um Genehmigung bitten. Zu unserer Freude stimmte er zu und bald zog die schwarz-weiße Pucki ein. Die hielt sich auf, wo sie es mochte, mal in der Wohnung, mal draußen oder im Stall. Sie fühlte sich wohl bei uns und bedankte sich manchmal, indem sie uns eine tote Maus auf die Matte legte.

Ob Hausmaus, Spitzmaus oder Feldmaus – ich mochte sie alle nicht, obwohl sie doch eigentlich mit ihren Knopfaugen ganz niedlich sind. Katzen wissen den Unterschied sehr wohl, denn Feldmäuse fressen sie nicht. Mit ihnen spielen sie, bis sie sie tot gespielt haben. Hausmäuse dagegen werden ratzeputz verspeist, immer schön fellwärts.

Mutti hat sich mal einen sehr schlechten Scherz erlaubt. Unsere Mitbewohnerin verabscheute die Mäuse genauso wie ich. Mutti hat ihr mal aus Jux und Dollerei eine tote Maus in den Pantoffel gelegt. Darüber war sie nicht gerade amused.

Als Andreas etwa zwei Jahre alt war, hatte er auch ein Mause-Erlebnis. Er hatte Oma und Opa besucht, folgte stets seinem Opa auf Schritt und Tritt. Zum Mittagessen gab es leckere Bratkartoffeln und weil die Pfanne noch warm war, briet meine Mutter ein Stück Speck, um das in einer Mausefalle zu befestigen. Die so präparierte Falle wurde in der Diele aufgestellt. Schweine und Ziegen gab es nicht mehr, wohl aber Hühner und das Futter für diese, das die Mäuse auch nicht verachteten.

Opa ging mit Andreas wieder an die Arbeit, als plötzlich Andreas herzerweichend schrie. Alle liefen zusammen, das musste etwas ganz Schlimmes passiert sein. So ein Geschrei!

Da stand der kleine Wicht, dicke Tränen liefen über sein Gesicht. Seine Finger waren in der Mausfalle eingeklemmt und er kaute das lecker duftende Stück Speck. Wir wussten nicht, sollten wir mit ihm weinen oder sollten wir über diesen Anblick lachen. Heimlich natürlich.

Die Frage nach dem WARUM ist noch
offen: Warum haben so viel Menschen Angst
vor Mäusen?

Vielleicht, weil sie Krankheitsüberträger
sind? Oder nur, weil sie uns so schnell und
unvermutet begegnen?

Alles Lüge

Meine Welt war in Ordnung, bis mir die
kleinen Augen unsanft geöffnet wurden.
Unser Cousin Walter aus Franfurt war in den
Sommerferien zu Besuch. Er war vier Jahr
älter als ich, mag an diesem verhängnis-
vollen Tag wohl 11 oder 12 Jahre alt
gewesen sein. Den Umgang mit einem
frechen Jungen waren wir nicht gewohnt.
Rosi, Ingrid, Walter und ich spielten
draußen. Gerade hatte ich es mir im Sand-
kasten bequem machen wollen, kam Walter
hinzu und zertrampelte meine gerade
gebackenen Sandkuchen. So ein Schuft!
Aber das war noch nichts, denn es folgten
verbale Attacken. Wollte er mir doch klar
machen, dass es keinen Osterhasen gäbe. So
ein Schwachsinn. Vielleicht gab es in Frank-
furt keinen, vielleicht war Walter auch nicht
artig gewesen und deshalb nicht beschenkt
worden. Behauptete er doch tatsächlich,
seine Eltern hätten ihm die Ostereier
geschenkt.
Rosi und Ingrid standen in der Nähe.
Irgendwie hatte ich das Gefühl, sie hätten

zustimmend genickt. Es kam noch viel schlimmer. Nun wollte Walter mir auch noch den Weihnachtsmann und den Nikolaus madig machen. Wussten Rosi und Ingrid das, was Walter mir gerade weismachen wollte? Der lachte, lachte mich aus! Lange und laut. Der Weihnachtsmann? Ich wusste, dass es ihn gab. Wer sonst hätte das Glöckchen am Heiligabend geläutet und die Geschenke gebracht? „Deine Eltern waren das. Das waren deine Eltern!", behauptete Walter steif und fest.

Rosi und Ingrid stand etwas abseits. Grinsten sie? Meine Tränen gewährten mir keinen klaren Blick.

Walter setzte noch einen drauf und begann, mir nun den Klapperstorch auszureden. Die beiden Mädchen entfernten sich etwas, dieses Thema war ihnen wohl zu heikel.

Kein Klapperstorch - so ein Blödsinn! Wie oft hatte Mutti mir erzählt, wie der Klapperstorch am ersten Weihnachtstag vor dem Stubenfenster klapperte, bis sie ihn herein ließ. Und dabei hatte er sogar zwei kleine Christas im Schnabel. Mutti durfte sich eine aussuchten und ich war so froh, dass sie sich für mich entschieden hatte. So eine Geschichte konnte doch kein Mensch erfinden. Schließlich ging die andere Christa in meiner Klasse.

Für mich war nach Walters Aufklärungen eine Welt zusammen gebrochen. Weinend lief ich ins Haus in der Erwartung, dass meine Mama auf meiner Seite war und mir bestätigen würde, dass Walter ein böser Spinner sei.

Behutsam klärte sie mich auf, was den Weihnachtsmann, den Nikolaus und den Osterhasen betraf. Über den Klapperstorch sprachen wir in diesem Moment nicht. Ich war so bitter enttäuscht und wütend.

WARUM? Meine Eltern hatten mir immer wieder gepredigt, wie wichtig es ist, bei der Wahrheit zu bleiben. Sagte doch das achte Gebot: Du sollst nicht lügen. Und nun das!

Information

Als ich Kind war, kam von Zeit zu Zeit ein
Zirkular ins Haus. Man könnte es auch
Rundschreiben nennen. Der Nachbar von
links hatte es uns gebracht. Die Eltern und
Großeltern hatten den Inhalt dieser amtlichen
Nachrichten zur Kenntnis zu nehmen. Auf
der Rückseite wurde unterschrieben, danach
brachten wir Kinder das vom Bürgermeister
ausgestellte Zirkular zum rechten Nachbarn.
Er hatte es auf der Schreibmaschine
geschrieben und das mit mehreren Durch-
schlägen. Das Papier war hauchdünn, man
musste behutsam damit umgehen. Eine
Vervielfältigungsmaschine hatte er nicht.
Hatte sich der Herr Bürgermeister vertippt
und einen falschen Buchstaben über-
schrieben, so konnte es sein, dass kleine
Löcher in dem zarten Papier entstanden
waren.
In dem Zirkular standen wichtige Termine,
zum Beispiel für Wahlen, Viehzählungen,
Impfung gegen Kinderlähmung und ich
glaube, es wurde auch an Sitzungen oder
Veranstaltungen der Vereine erinnert.

Irgendwann hatte das Zirkular ausgedient und es wurde ein Schaukasten aufgestellt, den jeder einsehen konnte. Hier gab es jetzt die wichtigsten Bekanntmachungen, sogar Aufgebote konnte man lesen.

Wie mag die Weitergabe von Bekanntmachungen wohl lange vor meiner Zeit stattgefunden haben?

Ausrufer gingen durch die Straßen mit dem markanten Ruf „BEKANNTMACHUNG" und sie verlasen laut und vernehmlich die Wichtigkeiten. Nicht nur im wilden Westen wurde getrommelt und es wurden Rauchsignale gegeben.

Im dritten Reich sollen häufig Lautsprecherwagen durch die Straßen gefahren sein, um wichtige Nachrichten zu verbreiten. Das gibt es im Katastrophenfall heute immer noch, wenn die Bevölkerung vor Gefahren gewarnt werden muss.

Ich weiß nicht, ob es zu „Zirkularzeiten" auch schon amtliche Bekanntmachungen in den Tageszeitungen gab. Die gibt es heute noch, schön klein geschrieben.

Wie wurden Informationen sonst weiter-
gegeben? Per Post, aber das Thema hatten
wir ja bereits. Per Telefon, und dann gab es
das Telegramm: Man konnte einen Text
entweder per Telefon bei der Telegramm-
annahme oder persönlich am Postschalter
aufgeben. Meist wurde ein kurzer Text
gewählt, denn jede Silbe kostete. Am
Empfängerort wurde im Postamt ein Vor-
druck mit dem vom Absender gewählten
Text per Klebestreifen versehen. Dann raste
ein Telegrammbote im gelben VW-Käfer los
und überbrachte dem Empfänger das
Telegramm. Zu besonderen Anlässen konnte
man auch ein Schmucktelegramm im DIN
A4 Format auswählen.
Fernschreiber wurden schon Ende der 50-er
Jahre benutzt. Wie eine riesige Schreib-
maschine sahen sie aus und machten
fürchterlichen Krach. Damit schrieb man
seinen Fernschreib-Partner an. Ging so fix
wie telefonieren, nur hatte man alles schwarz
auf weiß geschrieben.
Fax-Geräte kamen in Mode, Fernkopierer
zum besseren Verständnis.

Und heute, alles Schnee von gestern. Durch Internet und die vielen Messenger-Dienste sind wir stets auf dem Laufenden. Es wird gemailt, gechattet und es werden WhatsApps geschrieben.
Natürlich nicht zu vergessen die Information über Funk und Fernsehen.
Irgendwie schon klar, WARUM man sich die alte Zeit nicht zurücksehnt.

Telefon

Als ich Kind war, schrieb man noch
Telephon. Die ersten Telefonapparate, an die
ich mich erinnern kann, waren schwarz und
klobig. Es soll sie auch in weiß gegeben
haben, aber die weißen besaßen sicher nur
die Schönen und die Reichen.

 Das Gerät war mit einem Stecker an der
Schnur mit der speziellen Steckdose
verbunden. Das Telefon hatte eine
Wählscheibe, die mit zehn nummerierten
Löchern versehen war. Wollte man eine
Nummer wählen, so steckte man einen
Finger in das entsprechende Loch, um dann
die Scheibe bis zum Anschlag zu drehen.

Ich telefonierte als Kind nicht gern, wurde aber häufig in den Tante Emma-Laden oder in die Kneipe geschickt, wenn ein Telefonat erforderlich war. Dazu musste ich in die gute Stube der Telefonbesitzer und das war mir peinlich. Aber die machten sich nichts daraus, denn das halbe Dorf kam zum telefonieren.

Gelbe Tefonhäuschen fand man häufig in Stadt und Land verteilt, die öffentlichen Münzfernsprecher.

In meiner Kinderzeit verliefen die Telefonleitungen noch überirdisch. Das dicke Kabel hing meistens durch und man hatte Bedenken, dass es reißen könnte. Wenn man Glück hatte, konnte man einen Fernmeldehandwerker beobachten, wie er mit Steigbügeln an den Schuhen am Mast hoch kraxelte, um dort eine Reparatur auszuführen.

Irgendwie war es paradox, dass gerade ich die Beamtenlaufbahn bei der Post - im Fernmeldeamt - einschlug, zumal ich zunächst noch so ungern telefonierte. Ich kam hier dem Wunsch meiner Eltern nach,

die meinten, dass ich so eine solide
krisensichere Ausbildung bekäme.
Es dauerte nicht lange, bis ich in Bremen mit
dem Kopfhörer ausgestattet am Arbeitsplatz
saß, um Gespräche zu vermittelt.
Ortsgespräche konnte der Anrufer selbst
wählen. Im Fernmeldeamt ging es um
Ferngespräche, auch in die damalige DDR.
Mit einem Abfragekabel stellte man die
Verbindung zum Anrufer her, der die
Nummer seines Gesprächspartners nannte.
Die Nummern beider Teilnehmer wurden auf
einem Abrechnungszettel vermerkt. Die
gewünschte Nummer wurde von uns
angewählt, wenn die Steckverbindung mit
dem zweiten Kabel hergestellt worden war.
Das Ende eines Ferngespräches wurde per
Lichtsignal angezeigt. Jetzt musste die
Gesprächsdauer vermerkt werden, die bei
Bedarf auf volle Minuten auf- oder
abgerundet wurde. Kolleginnen der
Rechnungsstelle sammelten die Gesprächs-
zettel ein, nach denen die monatlichen
Telefonrechnungen erstellt wurden.
Wusste ein Teilnehmer nicht die Nummer

seines gewünschten Gesprächspartners, wurde er an die Auskunft verwiesen. Auslandsgespräche wurden an Sonderplätzen vermittelt.

Das Hauptamt in Bremen versorgte auch die Knotenämter in den umliegenden Städten wie zum Beispiel Bassum, Verden, Osterholz-Scharmbeck und Sulingen. Gab es in Bassum Personalmangel, so wurde ich kurzerhand abgeordnet. Ich war sehr erschrocken, als ich das alte Bassumer Fernmeldeamt sah, in dem sogar die Ortsgespräche an Klappenschränken per Hand vermittelt wurden. Allerdings schätzte ich den kurzen Arbeitsweg. Immer wenn ich mich gerade an die neuen Kolleginnen gewöhnt hatte, musste ich meinen Einsatzort wieder wechseln.

Egal ob in Bremen oder Bassum – die „Frolleins vom Amt" saßen dicht an dicht nebeneinander. Trotzdem gab es selten Zeit für ein Pläuschchen.

Böse Menschen hatten mal in Bassum einen Spruch in den Briefkasten gelegt. Den Text habe ich nie vergessen:

Das ist des Lebens Schicksal,
das ist des Lebens Hohn.
Ein Mädchen, das nicht heiratet,
das geht zum Telefon.
Und wem das harte Los beschieden
und wer zum Stöpsel ist verbannt,
der findet weder Ruh noch Frieden
und ruft im Grabe noch „Hier Amt".

Beamtin bin ich nie geworden, denn als ich
zur Prüfung aufgerufen wurde, war ich
bereits schwanger. Damals gab es keine
Halbtagsstellen für Beamtinnen bei der Post.
So trennten sich unsere Wege kurz nach der
Geburt meines Sohnes.
Als meine Eltern Anfang der 60er Jahre ein
Telefon bekamen, hatten die schwarzen
Modelle bereits ausgedient. Sie wählten ein
graues Modell mit Wählscheibe, denn
Tastentelefone gab es noch nicht. Es dauerte
nicht lange, bis das Gerät ein schickes
Kleidchen aus Brokat bekam. Ein Teil wurde
über den Hörer gezogen, das zweite über das
Telefon gestülpt. Nachteil war, dass manch-
mal die Gabel nicht genug hinuntergedrückt
werden konnte und Anrufer lediglich das

Besetztzeichen bekamen. Ärgerlich war es häufig, wenn sich das Anschlusskabel verzwirbelt hatte. Es brauchte Geduld, bis die Schnur wieder „enttüdelt" war. Dann gab es ein Super-Angebot: Gegen monatliche Gebühr konnte der Telekonkunde eine extra lange Telefonschur bekommen, die es ermöglichte, mit dem Hörer in der Hand in einen anderen Raum zu gehen. Welch ein Luxus. In den 70er Jahren bot die Post Tastentelefone an, in den 80ern gab es die ersten Schnurlos-Telefone.

Der Selbstwählferndienst hatte sich durchgesetzt und die Fräuleins vom Amt überflüssig gemacht.

Im Jahr 1995 fand die Dreiteilung der Post statt, jetzt war Telekom zuständig für die Telefonie. Die gelben Telefonzellen verschwanden nach und nach, sie zeigten sich jetzt in magenta/grau. Jahrelang konnte man die Telefonzellen, auch Münzfern-sprecher genannt, mit Bargeld füttern. Neu entwickelt wurden Kartentelefone. Angeboten wurden Kartenchips zu unter-schiedlichen Preisen. Das Guthaben reduzierte sich mit jedem Gespräch. Die

Häuschen zu unterhalten war schon eine kostspielige Angelegenheit. WARUM? Sie mussten regelmäßig gereinigt werden, denn es gab Menschen, die sie als Toilette benutzt hatten. Vandalismus war ein Thema, denn Hörer wurden abgerissen oder verschwanden ganz und gar. Die Telefonbücher wurden zerfetzt und dadurch unbrauchbar. Langfinger versuchten, an das Bargeld zu kommen.

Doch die Sache mit den Telefonzellen erledigte sich mit der Verbreitung der Mobiltelefone, der Handys und Smartphones ohnehin. Sie sind kaum noch zu finden.

Ich erinnere mich noch genau daran: Ich sah im Jahr 1996 zum ersten Mal einen Mann, der auf offener Straße telefonierte. Das Gerät in seiner Hand war ganz schön groß und hatte eine Antenne. Wie winzig und leicht sind die heutigen Smartphones.

Eins ist in all den Jahren geblieben: Manchen Menschen ist der Unterschied zwischen Telefon und Megafon nicht geläufig.

Bäume

Bäume können mehr als 1000 Jahre alt werden, die Bassumer Kaffee-Eiche ist ein Beispiel dafür. (Allerdings wird ihr Alter von Fachleuten auf 500 Jahre geschätzt). Trotz ihres Alters bringen alte Bäume jedes Jahr neue Blätter hervor und tragen ihre Früchte. Bäume wachsen höher als jedes andere Lebewesen.

Als unsere Kaffee-Eiche noch ein Keimling war, zogen vielleicht die Ritter in ihren schweren Rüstungen durch das Land und die Menschen glaubten noch an Hexen.

Inzwischen ist die knorrige Eiche groß und mächtig geworden, ihre Rinde ist rissig. An einigen Stellen sieht man Moos und Flechten. Der Stamm hat einen Umfang von gut fünf Metern, er ist hohl und wird durch Metallplatten gestützt.

Ursprünglich handelte es sich um die Stifts-gerichts-Eiche. Erst später trafen sich dort die adeligen Stiftsdamen zum Kaffeeklatsch. Das korrekte Alter könnte anhand der Jahres-ringe festgestellt werden, aber dazu müsste der Baum gefällt werden.

Also belassen wir es bei der Schätzung. Was machen schon 500 Jahre aus?

Früher standen vor jedem Bauernhof ein paar Bäume. Und es gilt wieder die Frage nach dem WARUM. Schließlich stellten sie auch eine Gefahr dar: Blitze könnten sie treffen oder Stürme könnten sie entwurzeln und das Haus gefährden. Legt man die Vorteile in die andere Seite der Waagschale, so übertreffen die Vorteile. Waren die Bäume höher als das Haus, so traf sie ein Blitz eher als das Haus, denn sie wirkte als Blitzableiter. Bäume spenden Schatten, sie tragen Früchte als Nahrung für Mensch oder Tier und ihr Holz ist wichtig für viele Dinge des Alltags. Wir verheizen es, Holz findet in der Möbel-industrie und im Bauhandwerk Bedeutung. Papier wird aus Holz hergestellt. Fast jeder hat schon mal ein Kleidungsstück aus Modal getragen, das aus Buchenholz gewonnen wird.
Bäume sind Kraftwerke der Natur, denn sie nehmen aus der Atmosphäre Kohlendioxid auf, auch das unserer Ausatmung. Sie geben

Sauerstoff frei, den alle Lebewesen zum Atmen brauchen.

Einen alten Baum verpflanzt man nicht – das ist eine alte Weisheit, die schon jeder einmal gehört hat, wenn ein alter Mensch seinen Wohnort wechseln möchte.
Unser Opa hat sogar mal einen alten Baum verpflanzt und keiner glaubte, dass diese Aktion positiv verlaufen würde.
Als die Ringstraße gebaut wurde, musste Opa seinen Obstgarten dafür opfern. Die vielen Kirsch-, Apfel- und Birnbäume wurden gefällt. Opa hub rechtzeitig ein riesiges Loch im Garten aus für den neuen Standort eines Pflaumenbaums. Dann buddelte er dessen Wurzelwerk aus, um den Baum zu versetzen. Ich weiß heute nicht mehr, wie der Baum von A nach B kam, möglicherweise haben ihm dabei die Straßenarbeiter mit einer ihrer Maschinen geholfen. Wir warteten mit Spannung das nächste Frühjahr ab. Würde der Pflaumen-baum wieder austreiben? Ja, er trug sogar wieder köstliche rotbackige Pflaumen. Wir

meinten allerdings, dass sie etwas kleiner waren als in den Vorjahren.

Schon Martin Luther sagte: „Wenn ich wüsste, dass morgen der jüngste Tag wäre, würde ich heute noch ein Apfelbäumchen pflanzen." Laut Volksmeinung soll jeder Mann im Leben drei Dinge tun: Er soll ein Haus bauen, ein Kind zeugen und einen Baum pflanzen. In Twistringen wurde eine tolle Idee umgesetzt, der Hochzeitswald. Hier haben Ehepaare als Erinnerung an ihre Eheschließung oder an ihr Ehejubiläum einen Baum gepflanzt. Dort gedeihen neben Zierapfelsorten auch Buchen, Eichen, Kastanien, Ahorn und Linden.
Ich habe nie selbst einen Baum gepflanzt, aber ich war als Realschülerin dabei, als in der Mittelstraße eine Rotbuche gepflanzt wurde, die groß und mächtig wurde.
Seit Jahren werden friedvolle Bestattungen im Wald angeboten. Die Beisetzung der Urne findet unter Bäumen statt – im Friedwald.

Leider gibt es immer wieder Unfallopfer, weil ein Autofahrer gegen einen Baum prallte. Oft enden diese Unfälle tödlich.

Ein altes Sprichwort zum Thema Gewitter besagt:
„Vor Eichen sollst du weichen, Buchen sollst du suchen." Das ist nicht richtig, denn Bäume sind kein guter Schutz, weil sich der Blitz in der Regel hohe Objekte aussucht. Wichtig ist eher der Standort der Bäume. Die Buchen stehen meistens in Gruppen. Ihre Rinde ist glatt, so kann der Blitz in die Erde abgeleitet werden. Dagegen steht die Eiche meistens allein und bildet den höchsten Punkt. Die Rinde der Eiche ist stark zerklüftet und voller Furchen. Der Blitz tritt deutlich vor dem Boden wieder aus.

Als Folge des Klimawandels erleiden Buchen und Fichten den Hitzetod. Forscher und Forstwirte säen und pflanzen schon jetzt den Wald der Zukunft. Sicher sind dort Baumsorten zu finden, die Sommerhitze, wie wir sie aus den letzten Jahren kennen, vertragen.

Ja, die Bäume, die meisten gab es schon, als wir das Licht der Welt erblickten und es wird sie noch geben, wenn wir den letzten Schnaufer gemacht haben.

Fotografie

Gestern fiel mir ein altes Familienfoto in die Hände. Es zeigt meine Eltern mit ihren beiden Töchtern. Vom Erzählen weiß ich, dass ich damals ein halbes Jahr alt war. Dem Fotografen war es wohl ein Anliegen, die Köpfe der Kinder in etwa einer Höhe zu fotografieren. Dazu musste Mutti mich ein ganzes Stück hochheben. Nicht sichtbar kniete Rosi auf einem Kissen. Sie war schon quengelig geworden, weil ihr die Prozedur viel zu lange dauerte. Vermutlich machte es ihr auch Angst, dass der Fotograf immer wieder unter einem schwarzen Tuch verschwand, bald wieder erschien und neue Anweisungen gab. Irgendwann war das Bild im Kasten und jemand fragte Rosi: „War doch halb so schlimm, hat doch gar nicht weh getan!" Sie verzog daraufhin ihren Mund und stellte klar: „Doch, an den Knien hat es weh getan."

Das Foto, nein, so wie es aussieht ist es noch ein echtes Photo, entstand im Sommer 1946. Auf der Rückseite ein Stempel von Photo-Panneck aus der Bahnhofstraße. Wer weiß, haben meine Eltern mit Geld oder mit einem Stück Speck bezahlt?

Das Foto in Postkartengröße ist leicht vergilbt, hat einen weißen gebogten Rand, so wie es für damalige Bilder üblich war. Danach gibt es kaum Fotos aus meiner Kleinkinderzeit, denn Mutti beklagte häufig, dass es vor der Währungsreform keinen Film zu kaufen gab.

An den Fotografen unter einem schwarzen Tuch kann ich mich erinnern, als der vor der Schule an der Bremer Straße Klassenfotos knipste. Die Schüler und Schülerinnen unserer Klasse standen auf den Stufen vor dem Eingang, ganz hinten stand unser Lehrer, Herr Röwekamp.

Der Fotograf gab seine Anweisungen, schickte den einen nach oben, die andere mehr nach links und so weiter. Es dauerte lange, bis alle Schüler so standen, wie er es sich vorgestellt hatte. Dann kroch er unter das schwarze Tuch, schaute wohl durch den Sucher, kam wieder hervor und besserte die Aufstellung der Gruppe nach. Es hatte schon eine geraume Zeit gedauert und alle wurden irgendwie ungeduldig. Es folgte der nächste Versuch, denn er verschwand erneut unter dem schwarzen Laken. Schoß sofort wieder hervor und wandte sich an einen Schüler: „Was ist denn nun noch los?"

„Ich muss Pipi!" Die Stimme klang weinerlich. So kam es denn, dass es zwei verschiedene Klassenfotos gab, eins mit Rolf und eins ohne ihn.

Für das Fotografieren bei uns war Mutti zuständig. Ich sehe sie noch mit ihrer Voigtländer Kamera, die sie vor den Bauch hielt, um ein Motiv aufzunehmen. Die Kamera steckte in einer braunen Ledertasche. Nachdem sie den Film transportiert hatte, drückte sie auf den Drahtauslöser und schon war etwas für die Ewigkeit festgehalten. Nicht selten gab es kopflose Menschen zu sehen, ein Zeichen, dass Mutti nicht den richtigen Abstand gewählt hatte. Unvergessen die Fotos von den Kindergeburtstagen. Dann stellte Mutti die kleinen Gäste der Größe nach im Gänsemarsch auf und jede musste dem Mädchen, das vor ihr stand, die Hände auf die Schultern legen.

Meist verwendeten wir 12er Negativfilme, Rollfilme, die in einem Döschen verkauft wurden. Wenn alle zwölf Fotos geknipst waren, brachten wir den Film zum Entwickeln zur Drogerie Hoffmann. Nach ein paar Tagen konnten wir die Fotos abholen, dazu gab es Negative aus Celluloid. WARUM? Die brauchte man, falls weitere Abzüge gewünscht waren. Natürlich kauften wir gleich einen neuen Rollfilm, einen für Schwarzweißfotos, denn Farbfilme gab es erst in den 70er Jahren.

In einem ganz alten Fotoalbum fand ich sogar ein Negativ in Postkartengröße aus Glas. Das musste aus dem Jahr 1926 sein, denn zu erkennen waren meine Großeltern als Silbernes Brautpaar. Erstaunlich, wie alt sie darauf aussahen. Dabei war Oma erst 46 und Opa 55 Jahre alt.

Als die Sofortbildkameras aufkamen, war Mutti gleich Feuer und Flamme. Es war schon reizvoll, das mit der Polaroid-Kamera aufgenommene Foto in weinigen Minuten in Händen halten zu können. So konnte sie auch gleich ein neues Foto schießen, falls wieder kopflose Menschen zu sehen waren.

Ich erinnere mich an meine erste Kamera: eine Agfa-Click. Das war ein günstiges Modell in einer braunen Plastiktasche. Eine Blitzlichtvorrichtung leistete ich mir später. Dieser Apparat machte exzellente Bilder. Danach wurde der gegen eine Agfa-Clack ausgetauscht, ein ebenfalls kostengünstiges Gerät, das tolle Bildqualität lieferte.

Digitalkameras hat Mutti nicht mehr kennengelernt. Sie hätte sicher bedauert, die Fotos nicht mehr in die Hand nehmen und sie in eines der zahlreichen Alben kleben zu können. Dabei wäre das ja problemlos möglich gewesen. Wer hätte damals gedacht, dass man das heutzutage selbst im Drogerie-markt erledigen kann.

Wie sehr hätten meine Eltern sich über ein Fotobuch gefreut, aber die gab es zu ihren Lebzeiten noch nicht. Wie würden sie staunen, könnten sie sehen, dass man jederzeit mit seiner Handy-Kamera fotografieren kann.

Eier

Meistens holten wir früher die Eier von
Bauer Kramer, der im Dorf wohnte.
Manchmal auch von Muttis Cousine Sophie
aus Röllinghausen. Wie auch immer, die
braunen Bio-Eier wurden in Muttis brauner
Lederhandtasche transportiert. Oft fuhren
Rosi und ich zu Kramers Erna. Ich sehe sie
heute noch vor mir, wenn sie mit einem
großen flachen Korb voller Eier aus der
kalten Küche kam. Dann zerteilten wir alte
Zeitungen in passende Stücke und wickelten
jedes der braunen Eier sorgfältig darin ein.
Zwanzig oder dreißig Eier brachten wir
meistens mit. Zuhause wurden die Eier
wieder ausgewickelt, in zwei große Suppen-
terrinen mit Streublümchenmuster gelegt und
im kalten Keller aufbewahrt. Das Papier
wurde glatt gestrichen und landete auf dem
Plumpsklo zur letzten Verwendung. Ich kann
mich kaum daran erinnern, dass wir ein
Frühstücksei gegessen haben. Die Eier
wurden zum Kochen und Backen gebraucht.
Pfannkuchen für sechs Personen, da brauchte
man schon einige. Oder zum Spinat! Oder es

gab Bratkartoffeln mit Ei, einfach lecker. Den Namen Bauernfrühstück fand ich unpassend, denn schließlich aßen wir die Bratkartoffeln ja mittags und nicht zum Frühstück.

Wenn Geburtstage oder Feiertage anstanden, verwandelte Mutti die Küche in eine Back-stube und zauberte die leckersten Torten und Kuchen. An Eiern wurde nicht gespart, obwohl Opa nachzählte, wie viele Eier schon wieder verbraucht worden waren. Er war ohnehin der Meinung: „Wer Hühner hat, geht pleite." Nach Opas Tod dauerte es nicht lange, bis wir stolze Hühner- und Hühnerhofbesitzer geworden waren.

Zum Winter hin wurden die Eier teurer. WARUM? Weil Hühner im Winter gern eine Legepause einhalten. Dann legte Mutti einen Vorrat an. Im Keller standen verschiedene Steintöpfe, mindestens einer gefüllt mit Sauerkraut, einer mit Salzbohnen und ein weiterer, in dem die Eier in Kalkwasser eingelegt wurden. Ich erinnere mich noch an das Gefühl, wenn ich in den Steintopf griff, um ein paar Eier ans Tageslicht zu holen. Erstens war das Wasser eiskalt und zweitens gab es eine hauchdünne Kalkschicht. Kleine Kristalle legten sich auf die Hand und machten ein pritzelndes Gefühl.
Wenn es wärmer wurde, kamen die Hühner ihrer Legepflicht wieder zuverlässiger nach. Das war auch gut so, denn der Osterhase musste schließlich bedient werden. Wir kannten nur glückliche frei laufende Hühner und ahnten nichts von den Qualen der Käfighühner in den großen Stallanlagen. Noch heute mag ich am liebsten braune Eier. Ich habe keine Erklärung, weshalb mir die

weißen nicht schmecken wollen. Zu Ostern
machte ich eine Ausnahme, denn ich ließ
mich davon überzeugen, dass die braunen
nicht so gut zum Färben geeignet waren.

Wetter

Heinz ist Hobby-Meteorologe. Seit Jahren
schreibt er seine Wetterbeobachtungen in
einen dicken Jahreskalender, notiert die
jeweils höchste und tiefste Temperatur, die
Windrichtung, schreibt über Bewölkung,
Sonnenschein und Niederschläge. Die
Kalender werden natürlich gesammelt,
obwohl es keinen mehr interessiert, wie das
Wetter vor 35 oder 19 Jahren war.
Inzwischen haben die Kalender noch einen
anderen Sinn, denn sie sind fast wie ein
Tagebuch, weil gute und schlechte
Ereignisse eines jeden Tages notiert werden.

Die Windrichtung zeigte zuverlässig der
Wetterhahn auf dem Dach des Nachbarn an.
Leider musste der gute Hahn kürzlich
weichen.

In jedem Raum hängt oder steht bei uns eine
Wetterstation. Die eine bietet eine Vier-
Tage-Voraussage, eine andere lässt die
Minimum-Maximum-Temperaturen
erkennen. Jede hat irgendwelche Besonder-

heiten, doch das Wetter richtet sich nicht
immer danach.

Auf unserem Flur hängt ein altes Barometer,
das es schon in Osterbinde gab. Sicher ist es
viel älter als ich, aber es ist zuverlässig.
Mindestens einmal am Tag höre ich das tok-
tok-tok. wenn Heinz auf das Barometer
klopft. Dann lässt es erkennen, ob der
Luftdruck fällt oder steigt. Das alte
Barometer ist aus dunkel gebeiztem Holz
und hat ein paar Schnitzereien an den
Aussenkanten. Einmal habe ich es gründlich
putzen wollen und war sehr erschrocken,
weil sich die Farbe auf der Skala
wegwischen ließ. War gerade noch mal gut

gegangen. Trotz aller elektronischen Messgeräte verlässt sich Heinz tatsächlich noch auf das gute alte Barometer mit Temperaturangabe in Celsius und Reaumur. Eigentlich reicht auch ein Blick in den Himmel, um zu sehen, wie das Wetter ist oder wird. Ich muss gestehen, dass ich mir täglich die Sieben-Tage-Voraussage auf dem Smartphone anschaue. Und erst mal das Regenradar! Welch eine Errungenschaft!

Früher hatten wir ein kleines Wetterhäuschen. Es hatte zwei offene Türen, aus denen eine bunte Figur herausschaute. Bei gutem Wetter kam die Frau zum Vorschein, bei Regenwetter der Mann mit Regenschirm und die Frau verschwand im Innern des Häuschens. WARUM? So ein Wetterhäuschen ist ein Hygrometer, das auf Luftfeuchtigkeit reagiert. Die Figuren sind auf einer kleinen Drehscheibe angebracht, die durch eine Feder in eine Richtung gezogen wird. Als Gegenkraft wirkt ein Pferdehaarstrang. der stark auf Feuchtigkeit reagiert.

Früher standen die Bauernregeln hoch im Kurs und der 100-jährige Kalender. Und dann gab es noch Menschen, die einen grünen Wetterfrosch im Glas hielten und sich freuten, wenn der auf die Leiter kletterte.

Guter Rat

Mir kam jetzt ein kleines Büchlein mit
folgendem Titel in die Hand:

Die rechte Hand der Hausfrau
1123 praktische Winke und Ratschläge

Erschienen ist es im Jahr 1953 und kostete
damals 90 Pfennig. Über dem
Inhaltsverzeichnis steht folgender Text:

Wer jeden dieser Wink' beacht',
aus einem Groschen zehne macht!

Unterteilt wurden die Ratschläge zu
folgenden Themen:
Aufbewahrung und Frischhaltung von
Lebensmitteln
Koch-Winke
Nützliches und Wissenswertes für den
Haushalt
Fleckenentfernung
Stoff- und Wäschebehandlung
Schuhe und ihre Behandlung
Zimmerblumen und ihre Pflege

Wichtige Gartenwinke
Haustiere und Pflege
Ungeziefervertilgung
Körper- Gesundheits- und Schönheitspflege
Erste Hilfe bei Unglücksfällen und
Vergiftungen

Ich habe ein paar kuriose „gute Ratschläge"
aufgegriffen. Bitte schön:

„Zigarrenasche eignet sich vorzüglich zum
Putzen der Zähne." Ob das tatsächlich früher
beherzigt wurde? Ein heutiges Problem
wäre, dass die Zigarrenraucher rar geworden
sind. Übrigens ist Zigarrenasche vielseitig
angewendet worden.

„Unbenutzte Kaffeekannen schwenke man
vor dem Gebrauch mit heißem Wasser, da
sonst der Kaffee stumpf schmeckt."
Das muss kein guter Rat sein, das sollte eine
Selbstverständlichkeit sein.

„Gestärkte Kragen, die an der oberen Kante
scharf werden, glättet man durch Reiben mit
einem Stück Stearinkerze."

Das gibt sicher einen blanken Hals.

„Blind gewordene Schuhe werden wieder
glänzend, wenn man sie mit einer halben
Zwiebel einreibt und mit einem Wolllappen
nachreibt."
Lecker: Innen Käse, außen Zwiebel.

„Haarfärbung. Haare von Säuglingen, welche
unerwünscht rot zu werden scheinen, kann
man färben, indem man den Kopf häufig mit
dicker Milch wäscht. Die Haare werden und
bleiben dann gelbblond."
Rothaarige Kinder wurden zu meiner
Kinderzeit in der Tat gehänselt und man
fragt wieder nach dem WARUM. Naturrote
Haare sieht man heute nur noch selten.
Schade drum! Aber man kann sie in vielen
Nuancen rot färben oder tönen lassen.

„Fleisch und Wurst halten sich im Sommer
frisch, wenn man sie in die Ofenröhre legt."
Wer hatte denn 1953 schon einen
Kühlschrank?

„Dumpfer Geschmack von alten Eiern
verliert sich, wenn man die Eier aufschlägt
und den Inhalt mehrere Stunden der frischen
Luft aussetzt."
Es ist erstaunlich wie viele Tipps es gab, um
nicht mehr ganz frische Lebensmittel zu
verwenden. Es gab sogar auch Ratschläge.
wie man Mehl, Milch und Honig von
gepanschter Ware unterscheidet.

„Blind gewordene Fensterscheiben reibt man
mit Brennnesseln wieder klar, die man in
Regenwasser feucht gemacht hat."
Vermutlich probiert das heutzutage keiner
mehr aus.

„Fensterlederersatz kann man sich schaffen,
wenn man Reste von Lederhandschuhen
usw. in kleine Stückchen schneidet und diese
auf einer Schnur zu einem Ring aufreiht."
Vileda war wohl noch nicht im Geschäft.

„Aufschraubdeckel auf Gläsern löst man
durch dauerndes Drehen über einer
Flamme."
Fazit: Glas auf, Finger verbrannt.

Verschiedene Tipps, um Flaschen zu reinigen:
„Wasserflaschen reinigt man, indem man Zeitungspapier in kleine Stücke zerreißt, mit Salzwasser in die Flasche gibt und kräftig schüttelt. Kleingestoßene Eierschalen und klares warmes Wasser erfüllen denselben Zweck. Oder man reinigt die Flaschen durch Ausschwenken mit Wasser, dem man Kartoffelschalen beigibt."
Möglichkeiten gibt's diverse....

„Badewannen und Waschschüsseln lassen sich vorzüglich durch Abreiben mit Apfelsinenschalen reinigen."
Vermutlich waren die Apfelsinen damals noch naturbelassen.

„Messer reinigt man von Zwiebel- und Fischgeruch, indem man sie einige Stunden in feuchten Sand steckt."
Wenn's hilft?

„Neue Zahnbürsten stellt man vor Gebrauch einen Tag mit den Borsten ins Wasser, was

sich sehr gut für die Haltbarkeit derselben auswirkt."
Ich schätze, dass es damals noch Naturborsten waren.

„Gegen kalte Füße lege man Zeitungspapier in die Schuhe."
Warme Socken tun es doch auch!

„Man durchschneide eine große Rosine, entferne die Kerne, lege sie mit der Schnittseite auf das Hühnerauge und bringe eine Befestigung mittels dünner Leinenstreifen an. Wird die Rosine jeden Tag erneuert, kann man das Hühnerauge in drei Tagen herausnehmen."
Rosinen gehören doch in Kuchen oder in Schokolade!

Sicher war das Leben in der „guten alten Zeit" in mancherlei Hinsicht reizvoll, aber wer wünscht sich die Zeit in Anbetracht dieser Ratschläge zurück?
Ich lebe gern in der jetzigen Zeit und danke für die Entwicklung moderner Geräte, die uns den Alltag erleichtern. Allerdings

schätze ich so manchen Oma-Tipp, der sich schon lange bewährt hat.

Kaffee

Die Kaffeepflanze stammt aus Äthiopien.
Der Legende nach hat der Hirte Kaldi die
Pflanze entdeckt, dessen Ziegen nach dem
Verzehr der roten Kaffeekirschen wild
herumsprangen. Bereits um 900 n.Chr.
wurde Kaffee in der Region Kaffa im
Südwesten Äthiopiens erwähnt. Damals
wurden die Blätter und die getrockneten
Kirschen wie Tee mit heißem Wasser
aufgegossen. Die Zubereitung veränderte
sich später, als Kaffee durch die arabische
Welt ins Osmanische Reich und nach
Istanbul gelangte. Ähnlich wie noch heute
wurden die getrockneten Bohnen – die
Samen aus den roten Kirschen – geröstet,
fein gemahlen und in Wasser gekocht.

In einer Kaffeekirsche befinden sich
meistens zwei Samen, eben die graugrün
aussehenden rohen Kaffeebohnen. Um sie zu
nutzen, werden sie nach der Ernte
getrocknet, fermentiert und geröstet.
Zwei Sorten werden bevorzugt im tropischen
Afrika, in Lateinamerika und in Südostasien

angebaut: Arabica, der nur halb soviel Koffein hat als die kräftigere Sorte Robusta. Ich konnte kaum glauben, was ich weiter erfuhr: Ein Kaffeebaum wird neun bis zwölf Meter hoch, er trägt ein halbes Kilo Kirschen, was dem wöchentlichen Durchschnittsverbrauch eines Kaffeetrinkers entspricht.

Orient-Reisende brachten den Kaffee als Souvenir mit nach Europa, auch nach Deutschland. Im 17. Jahrhundert öffneten die ersten „Kaffeehäuser" in Venedig, London, Wien und Paris. Das erste deutsche Kaffeehaus wurde im Jahr 1673 in Bremen geöffnet. Bremen hatte schon lange eine große Bedeutung für Kaffee. Per Schiff kam der Rohkaffe in die Bremer Häfen. Der wurde aus den Lagerhäusern an die zahlreichen Bremer Kaffeeröstereien verkauft. Der Bremer Ludwig Roselius machte sich einen Namen mit der Gründung der Firma Kaffee Hag im Jahr 1906. Er stellte erstmalig koffeinreduzierten Kaffee her.

Es gibt verschiedene Vorgehensweisen, um dem Kaffee das Koffein zu entziehen, wobei einige inzwischen verboten sind. Der krebserregende Stoff Benzol kommt heute zum Glück nicht mehr zum Einsatz. Nicht nur Wasser oder Wasserdampf, sondern auch Chemikalien sind bei der Bearbeitung der Rohbohnen im Einsatz, sie gelten heute als unbedenklich. Separiertes Koffein findet bei der Arzneiherstellung Verwendung.

Früher tranken wir in der Regel Muckefuck, Synonym für Kaffeeersatz. Wenn Besuch kam oder auch sonntags gab es für die Erwachsenen echten Bohnenkaffee. Ich erinnere mit noch daran, dass der sehr rar, aber begehrt war. Er war viertelpfundweise verpackt. Muttis Kaffeemühle hing an der Seitenwand des Küchenschrankes. Oma dagegen hatte eine hölzerne Mühle, die von oben mit Kaffeebohnen befüllt wurde. Oma hielt die Mühle zwischen den Knien fest und drehte die Kurbel, bis ein Geräusch verkündete: leer, alles gemahlen. Dann zog sie eine kleine Schublade auf und entnahm das duftende Kaffeemehl. Beide Mühlen hatten ein echtes Mahlwerk, Muttis Mühle sah moderner aus und ließ sich vertikal drehen.

In den 60er Jahren konnte Oma aus gesundheitlichen Gründen keinen Kaffee mehr kochen. Mutti bekam eine elektrische neue Kaffeemühle, das „Must have" für die moderne Hausfrau. Die neue Mühle hatte ein Schlagwerk. Nachteilig wirkte sich das auf den Geschmack aus, denn das Kaffeemehl erwärmte sich.

Filter und Kaffeekannen in verschiedenen Pastelltönen von Melitta sah man fast in jedem Haushalt.

Mein Vater arbeitete als Schmied bei einer Bremer Reederei. Er war der Spezialist, wenn an Bord Reparaturen ausgeführt werden mussten, damit das Schiff möglichst schnell wieder starten konnte. Ich weiß noch, dass er einmal nachts außenbords schweißen musste, während der Dampfer auf dem Weg zum nächsten Stopp in Hamburg war. In der Nacht hatte ich viel Sorge um ihn. Auf Schiff bedankte man sich häufig und steckte ihm etwas Gutes zu. Der Smutje verwöhnte ihn manchmal mit gutem Essen. Nicht selten kam er mit frischen Apfelsinen, mit Ölsardinen, Cornedbeef oder anderen guten Dingen nach Hause. Eines Tages brachte er eine riesige Tüte Rohkaffee mit, es mögen wohl fast zwei Kilo gewesen sein. Was damit tun? Ich weiß nicht woher er kam, aber plötzlich hatten wir einen alten schmiedeeisernen Kaffeeröster im Haus.

Nachdem er gründlich gereinigt war, kam er zum Einsatz. Die alten Herde waren dazu perfekt geeignet. Die Herdringe wurden entnommen und der Röster direkt auf die Flamme gesetzt. Der Rohkaffee wurde eingefüllt und die Wundermaschine mithilfe einer Schiebevorrichtung verschlossen. Jetzt mussten die Bohnen ständig bewegt werden und das geschah mit einer Kurbel, die über dem Boden einen großen Flügel kreisen ließ. Es war eine schweißtreibende Angelegenheit, in der Hitze die Kurbel ständig zu drehen. Es dauerte nicht lange, bis es lecker nach Kaffee duftete. Fast so wie in Bremen. WARUM? Da schien die Luft durch die zahlreichen Röstereien immer kaffeegeschwängert zu sein. Die heiße Luft durfte nicht vorzeitig aus dem Röster entweichen.

Es war ein Glücksspiel – wie viel Zeit brauchte es, um perfekten Kaffee zu rösten? Irgendwann schauten meine Eltern nach, die heißen Bohnen waren noch zu hell. Also gab es noch einen Zeitzuschlag, meine Eltern hatten ja keine Erfahrungswerte. Nach weiteren Minuten nahmen sie das schwere Gerät, das unten fast glühend war, aus dem Herdfeuer. Die Kurbel musste immer noch weiter gedreht werden, sonst wäre der Kaffee verbrannt.

Nachdem alles abgekühlt war, entnahmen sie die lecker duftenden Bohnen. Einige waren doch zu dunkel geworden, Sorte Mocca plus eben. Die wurden gleich aussortiert.

So gut wie gekaufter Kaffee schmeckte er nicht, aber er war genießbar. Irgendjemand hatte den guten Rat gegeben, bei der Röstung etwas Fett dazuzugeben. Hat Mutti auch gemacht und ein Stück gute Butter hinzugefügt. Bei der Partie hatten wir allerdings Fettaugen auf dem Kaffee. Röstmeister wurden meine Eltern nicht, denn als das Bassumer Gaswerk abgeschafft wurde, bekamen wir einen Elektro- und einen Beistellherd, auf dem wir die

Röstmaschine nicht mehr verwenden konnten.

Als Rosi ihre Ausbildung in Bremen machte, gab sie den Rohkaffee bei einer Rösterei ab. Und ehrlich, die Experten konnten das besser.

Nun gibt es ja viele Diskussionen darüber, ob Kaffee gesund ist oder nicht.

Kaffeegegner wissen, dass Kaffee das Herz schneller schlagen und den Puls steigen lässt. Die Blutgefässe weiten sich, es kann zu Magen- oder Herzproblemen kommen. Der Blutdruck steigt und der Körper schüttet mehr Adrenalin und Cortisol aus.

Kaffeebefürworter halten dagegen:

Kaffee regt den Stoffwechsel an, stärkt die Konzentration, ist gut fürs Gehirn und senkt den Blutzucker. Außerdem soll Kaffee die Haut vor Zellschäden und vor Karies schützen.

Ich glaube, die Menge machts und ich weiß, dass ich manchmal übertreibe. Bevor ich herumspringe wie einst Kaldis Ziegen, greife ich zum Entkoffeinierten. Dabei fällt mir ein Spruch einer früheren Kollegin ein. Bei einer Betriebsfeier fragte sie den Kellner:

„Haben Sie auch Kaffee Hag?"
Beflissen bejahte der.
„Den möchte ich nicht. ich will den
anderen."
Alles klar?

Heute haben wir die Wahl und können uns
entscheiden zwischen Espresso, Cappuccino,
Latte Macchiato und weiteren Spezialitäten.
Oder wir entscheiden und für den guten
Filterkaffee.

Noch ein paar Sprüche zum Kaffee gefällig?

Beginne den Tag mit Sport,
lass den Kaffee laufen.

„Du hast drei Wünsche frei."
„Drei Kaffee bitte."

Wer früher wach ist,
schafft mehr Kaffee.

Händchenhalten mit der Kaffeetasse.
Wow, bin ich romantisch.

Der frühe Vogel kann den Wurm gern haben,
ich nehm den Kaffee.

Kaffee, weil es zu früh für Wein ist.

Kaffee macht besonders wach, wenn man ihn
sich über den Oberschenkel gießt.

Ich brauche Kaffee.
Für Kaffee müsste ich aufstehen.
Zum Aufstehen brauche ich Kaffee.
Ein Teufelskreis.

Gähnen ist der schrille Schrei nach Kaffee.

Und dann war da noch der nette Mann, der jeden Morgen einen großen Aufsteller vor seinen Kiosk stellte mit dem Text:

Coffee to go
jetzt auch zum Mitnehmen.

Apotheken

Bei den Apotheken und Apothekern hat sich im Laufe der Jahre auch sehr viel verändert. Wenn ich von früher schreibe, so meine ich nicht die Quaksalber, die im Mittelalter über Land zogen und ohne Befugnis Heilkunde ausübten. Die priesen marktschreierisch Salben und andere Heilmittel und –methoden an. Fliegende Händler verhökerten Kräuter, die manchmal nicht dem Wohl der Menschen dienten.

Ich denke eher an die Apotheke, die ich seit Kindertagen kannte. In den 50er Jahren gab es nur eine in Bassum. Jetzt gibt es vier, alle leicht schon von weitem zu erkennen an dem roten Logo, dem großen roten „A" mit Giftschale und Schlange.

Früher war für mich der Apotheker eine Respektsperson. Hatte ich Ehrfurcht vor seinem Wissen, sein Auftreten im gestärkten weißen Kittel? Ehrfurcht brachte ich auch Ärzten und Polizisten entgegen.

Früher bekam der Patient von seinem Arzt ein handschriftliches Rezept. Die Schrift der Ärzte war meistens schwer zu entziffern, ein

Apotheker konnte das. Damals gab es noch die Berufsbezeichnung Apothekenhelfer/in. Die durften Kunden bedienen und die Medikamente dem Rezept entsprechend auf den Tresen legen. Erst wenn ein echter Apotheker, ein Studierter, die Positionen sorgfältig verglichen hatte, wurde der Kauf perfekt.

In dieser Apotheke gab es einige Arbeits- geräte zu bestaunen: Waagen, Stößel, Mörser, Reibschalen und Pressen für Pflanzenteile. Die Gefäße waren aus Kupfer, Zinn, Messing, Ton oder aus Glas.

Einige Arzneien stellte der Apotheker selbst her. Dabei setzte er sich nicht selten gefährlichen Stoffen aus, die er bei der Verarbeitung einatmete. Giftige Quecksilber oder Arsendämpfe verursachten Kopf- schmerzen, Übelkeit und Erbrechen.

Als ich älter geworden war, fiel mir auf, dass unser Apotheker jeden Kauf kommentierte und in meinen Augen den Arzt kritisierte. Da fielen Bemerkungen wie:

„Das sind aber keine Bonbons!"

„Wieder mal mit Kanonen auf Spatzen schießen, oder?"

„Weniger ist mehr."

Mit diesen oder ähnlichen Worten schaffte er es immer wieder, mich zu verunsichern. Wer hatte Recht – der Arzt, der das Rezept ausgestellt hatte oder der Apotheker?

Einmal hätte ich mir allerdings sehr gewünscht, er hätte sich eingemischt. Hat er aber nicht, sich aber bestimmt seinen Teil gedacht.

Meine Mutter ging mit mir zum Hausarzt, weil meine Periode immer sehr schmerzhaft verlief. Der wusste Rat:

„Du bist zu schnell gewachsen und deine inneren Organe sind nicht mitgekommen. Wenn du diese Tabletten nimmst, wirst du keine Menstruationsbeschwerden mehr haben, denn sie geben deinen Eierstöcken und der Gebärmutter Zeit, in Ruhe nachzuwachsen." Mit einem Rezept für das Medikament Anovlar gingen wir zur Apotheke, nicht wissend, welchen Hormonhammer mir der Arzt da verschrieben hatte. Nach Einnahme der Tabletten kam mein Zyklus natürlich total durcheinander. Nachdem ich das Mittel ein paar Monaten lang eingenommen hatte, las ich zufällig in der Zeitung: Anovlar, die ersten deutschen Antibaby-Pille. Ich war in meinem zarten Alter von 14 Jahren total entsetzt, zumal ich damals lieber mit Puppen spielte, als mich mit Jungen zu vergnügen. Entsetzt verzichtete ich auf die Pille und ertrug weiter meine starken Bauchschmerzen. Übrigens wurde Anovlar 1970 vom Markt genommen, weil es für viele Herzinfarkte und Schlaganfälle verantwortlich gemacht wurde.

Jahre später veränderte sich die Einrichtung in den Apotheken. Aus schier endlos erscheinenden langen Schubläden wurden die Medikamente genommen. Oft mussten sich die Angestellten ganz schön recken, um an die verordneten Arzneien zu gelangen, die in den entsprechenden Fächern einsortiert waren.
Der Apotheker war im Laufe der Jahre zum Gesundheitsmanager geworden, beriet die Kunden in vielen Lebenslagen. Seit einigen Jahren sieht eine Apotheke in der Regel wieder anders aus. WARUM? Die Apotheke wirkt fast wie ein bunter Selbstbedienungsladen. Der Kunde kann Säuglingsnahrung,

Pflaster, Hustenbonbons, Kosmetik und viele andere Artikel selbst auswählen. Für rezeptpflichtige Medikamente wendet man sich an eine/n PTA, d.h. Pharmazeutisch-technischen Assistentin/ten. Die oder der konzentriert sich auf das Rezept und tippt für jedes Medikament Daten in den Computer. Nach einem kurzen Moment werden die verordneten Arzneien aus einem Fach genommen und dem Kunden vorgelegt. Zauberei? Nein, ein Roboter, ein wahrer Alleskönner, hat die benötigten Schachteln aus dem Lager genommen. Sicher hat der gleichzeitig auch den Bestand aktualisiert und für Nachbestellungen gesorgt. Über Stromausfall freut sich hier bestimmt keiner. In der Apotheke kann der Kunde allerlei Geräte wie elektrische Milchpumpen, Babywaagen, Inhalationsgeräte oder Blutdruckmessgeräte käuflich erwerben oder auch leihweise erhalten.
Auf Wunsch werden in der Apotheke Blutdruck- oder Blutzuckermessungen vorgenommen. Die Mitarbeiter/innen beraten, wenn es um Wund- oder Diabetikerversorgung geht.

Der Griff zur Apotheken-Rundschau oder einem anderen kostenlosen Heft beendet meistens den Besuch in der Apotheke des Vertrauens.

Hausbau

Lange habe ich überlegt, ob ich über das Thema Hausbau schreiben sollte. Was könnte mir als Laie dazu schon einfallen?

Es gibt Dinge oder auch Geräusche, die so mir nichts dir nichts aus der Erinnerung verschwinden. Wie oft war früher das knarzende Geräusch einer sich drehenden Mischmaschine zu hören. Die musste durch Muskelkraft be- und entladen werden. Sand und Zement wurden mühselig in die Mischmaschine geschaufelt, die richtige Menge Wasser zugefügt, um eine gute Betonmischung herzustellen. Wenn der Motor die Trommel ausreichend gedreht hatte, wurde eine Schiebkarre bereitgestellt. Durch das Bedienen eines Hebels wurde die graue Masse von der Maschine in die Karre befördert, um die Mischung dahin zu transportieren, wo sie benötigt wurde. Oft stand da schon jemand mit der Maurerkelle in der Hand bereit, um jetzt Stein auf Stein zu setzen. Heute bestellt man Transport-beton, der pünktlich zur Baustelle gebracht

wird und wenns es sein muss, per Beton-
pumpe dahin gebracht wird, wo der Baustoff
benötigt wird. Ober man kauft im Baumarkt
für kleinere Einsätze fertig gemischten
Beton, dem noch Wasser hinzugefügt werden
muss. Sicher sind auch heute noch Misch-
maschinen im Einsatz, aber ehrlich gesagt,
habe ich lange keine mehr gehört oder
gesehen.

Ich erinnere mich noch an den Hausbau
unserer langjährigen Mieter im Jahr 1957.
Wenn Steine oder Dachziegel geliefert
wurden, standen gleich etliche Nachbarn
bereit, um beim Abladen behilflich zu sein.
Einige Helfer standen auf dem Lkw und
reichten den unten Stehenden Steine oder
Ziegel an. So wanderten die Baustoffe von
Hand zu Hand, wurden sauber aufgestapelt,
um sie später zu verbauen. Eine schweiß-
treibende Angelegenheit war das allemal.
Vorbildlich war damit auch die
Nachbarschaftshilfe. Mutti hatte natürlich
wieder ihre Voigtländer Kamera dabei, um
ein Foto von den vielen Helfern zu schießen.
Heute bringt der Lkw sein Hebewerkzeug
mit und lädt Steine und Pfannen fein

säuberlich auf Paletten oder in Riesentaschen ab.

In den 60er Jahren passierte folgendes auf einer Baustelle. Ein Häuslebauer hatte sich vorgenommen, sein Haus nach Feierabend und am Wochenende allein zu errichten. Den Entwurf für sein Traumhaus hatte er ebenfalls selbst gemacht. Diesen vertraute er einem ihm bekannten Bauunternehmer an, der den Bauplan perfektionierte, um ihn beim Bauamt zur Genehmigung vorzulegen. Dem war ein kurioser Schreibfehler unterlaufen, denn er hatte fein säuberlich auf dem Bauplan statt Stadtkanal Stattkanal geschrieben.

Nachdem die Bodenplatte gegossen war, konnte die Maurerarbeit beginnen. Der Selfmademan traute sich allerdings nicht zu, allein die Ecken aufzusetzen. Er wusste genau, wie wichtig es war, die Steine exakt im Winkel zu mauern. Er bat einen Bekannten um Hilfe, der als Polier arbeitete. Der freute sich über das Vertrauen und natürlich auch über das Geld für seine Schwarzarbeit. Nun ist es aber so, dass man einige Menschen nicht wieder loswird. Der

Bekannte drängte sich auf, wollte weiter auf dem Bau arbeiten. Er wurde aber mit Schimpf und Schande davongejagt, nachdem er ganz ungleiche Fugen gemauert hatte. Nachts kam er heimlich wieder, weil er wusste, wo die Schnapsflasche versteckt war. Am ersten Abend war sich der Bauherr nicht ganz sicher, ob etwas aus der Flasche fehlte. Nach dem zweiten Abend war offensichtlich, dass sich jemand an der Schnapsbuddel bedient hatte. Listig stellte er nun eine mit Wasser gefüllte Flasche an den gewohnten Platz. Damit hatte es sich erledigt, der durstige Polier ließ sich nie wieder sehen.

Sitzen wir am Esstisch geht unser Blick auf einen großen Kran, der beim Neubau des Mühlenquartiers zum Einsatz kommt. Die Baustelle selbst können wir nicht sehen, denn es liegen drei weitere bebaute Grundstücke dazwischen. Hohe Bäume verdecken teilweise die Sicht auf den riesigen gelben Kran. Der lange bewegliche Ausleger zum Versetzen oder Heben von schweren Lasten oder sperrigen Gegenständen ist dagegen immer irgendwo zu finden. Manchmal ist

der Kran nicht allein, denn es hat sich vor-
übergehend ein weiterer, ein grüner
hinzugesellt. Ursprünglich gab es noch einen
zweiten gelben, aber der steht seit etlichen
Tagen „zusammengeklappt" da, nachdem es
einen heftigen Sturm gab. Ob der Schaden
gelitten hat?

Das Führerhaus des Krans ist für uns nicht
einsehbar, weil es durch die hohen Tannen
verdeckt ist. Häufig haben wir uns Gedanken
über die Arbeit eines Kranführers gemacht,
der über senkrechte Leitern seinen Arbeits-
platz erreichen kann. Sicher hat der vorher
noch das Dixie-Klo aufgesucht, bevor er den
anstrengenden Aufstieg machte. Etwas Ess-
oder Trinkbares hatte er bestimmt dabei,
vielleicht ein Sudoku-Heft, denn schließlich
dreht sich so ein Kran ja nicht unentwegt.
Wie hoch mochte dieser Kran sein? Wir
schätzten. War er so hoch wie der Bassumer
Kirchturm? Ich wollte es genau wissen und
rief bei der Baufirma an. Bereitwillig wurden
meine Fragen beantwortet. Der Kran misst
immerhin 25 Meter. Ein Zwerg also, stände
er neben unserem Kirchturm mit seinen 38
Metern. Aber dann kam die Überraschung:

Der Kranführer sitzt nicht, wie wir vermuteten, oben in der Kabine. Sein Arbeitsplatz ist ebenerdig und seinen Kran bedient er mittels Fernbedienung. Anfangs wies ich bereits darauf hin, dass ich Laie bin, sonst hätte ich gewusst, dass der Kranführer den Joystick nicht mehr in schwindel-erregender Höhe bedient.

Kräne sind heutzutage nicht mehr aus der modernen Welt wegzudenken. Doch wie überflüssig hat sich manch ein auf dem Bau arbeitender Handlanger gefühlt, als ein Kran seine Arbeit übernahm? WARUM? Wer durch die schwere körperliche Arbeit seine Muskeln aufgebaut hatte, fühlte sich ver-drängt. Der, dessen Wirbelsäule vom Heben und Tragen inzwischen geschädigt wurde, war vermutlich erleichtert.

Technik vertrieb menschliche Arbeitskraft? Nein, so kann man das auch nicht sehen, denn so ein Kran wächst ja auch nicht aus der Erde. Wie viele Menschen haben Hand angelegt oder Pläne entworfen, bis so eine Hebemaschine einsatzbereit ist.

Ein kluger Kopf mit technischem Verstand entwirft die entsprechenden Pläne.

Eisenerz muss gefördert werden, um Stahl daraus zu gewinnen. Die benötigten Stahlteile müssen gegossen werden. Stahlseile, Rollen und anderes Zubehör muss hergestellt werden. Da es sich meistens um fahrbare Konstruktionen handelt, wird die entsprechende Bereifung benötigt.

Farbe, oftmals gelbe, wird aufgetragen. Oben, gleich unter dem Ausleger, hängt ein großes Reklameschild. Nicht mit dem Namen des Herstellers, sondern mit dem des Bauunternehmers, der dadurch weit sichtbar Werbung macht. Schließlich wurde auch dieses Schild hergestellt.

Wie gut, dass die alten Griechen schon Kräne entwickelt haben. Wie gut, dass die Technik immer wieder verbessert wurde.

Schuhe und Schuhreparatur

Ein Orthopäde hatte mir schon als Kleinkind feste hohe Schuhe verordnet, in denen ich Einlagen tragen musste. Die waren aus Metall und trugen eine aufgenietete Lederauflage. Wie sehr beneidete ich Rosi, die schickere Schuhe tragen durfte, denn ihre Füße waren gesund.
Die Schuhe waren früher aus Leder, hatten auch eine Ledersohle und Lederabsätze. Anders verhielt es sich mit den warmen Filz-Puschen, die meist braun-schwarz kariert aussahen.

Waren die Absätze oder sogar die Sohlen der Schuhe abgelaufen, brachte man sie früher zum Schuster oder Schumacher zur

Reparatur. Dort roch es immer so eigenartig nach Klebstoff und Leder. Häufig brachten wir unsere Schuhe zu einem Dorfbewohner, der nach dem Krieg in Osterbinde eine neue Heimat gefunden hatte. Ich war immer fasziniert von seinem schlesischen Dialekt. Die Wohnstube war gleichzeitig Werkstatt, der Klebstoffgeruch darin allerdings typisch für Schuster.

Es war üblich, die Spitzen der Sohlen und das Absatzende mit einem aus Metall gebogenem Stück zu versehen, die das Abnutzen der Sohlen hinauszögern sollten. In den 50er Jahren versüßte uns Lurchi den Schuhkauf. Wir Kinder erhielten ein Comicheft „Lurchis Abenteuer – das lustige Salamanderbuch". Tolle Werbung der Firma Salamander. Ich erinnere mich noch an die in Schreibschrift geschriebenen Reime.

In den 60er- Jahren waren die Schuhe nicht mehr unbedingt aus Leder, auch wenn das Obermaterial aus Kunststoff täuschend ähnlich aussah. Ledersohlen gibt es heute kaum noch, höchstens bei hochwertigen Business-Schuhen.

Ende der 50er Jahre erhielten Holzclogs Einzug. Die hatten eine fußgerechte Sohle, vorn verlief ein mit einer Schnalle verstellbarer Lederriemen über den vorderen Fuß. Das Laufen damit musste man praktisch lernen, denn beim Auftreten musste man die Kraft der Zehenspitzen einsetzen, sonst hätte man die Holzlatschen verloren. Es klapperte ordentlich, wenn man damit lief. Zum einen hörte man das Klacken vom Holz auf dem Gehweg, zum anderen das Klatschen des Holzes gegen die Fußsohle. Bequem war das nicht, aber eben „in".

Mr. Minit eröffnete später Filialen und bot Schuhreparaturen an. Wenn man Glück hatte, konnte man warten und Schritt für Schritt die Reparatur verfolgen.

Heutzutage sind die Schuhe meist so gut verarbeitet, dass eine Reparatur nicht mehr erforderlich wird, die Sohlen nutzen kaum noch ab.

Neulich wollte ich einen Klettverschluss für einen guten Schuh erneuern lassen. 26 € dafür erschien mir recht hoch.

Auch das Schuheputzen ist heute kaum noch ein großartiges Thema, und ich fragte wieder nach dem WARUM. Früher ging man dem Dreck auf den Schuhen erst mit der groben Schmutzbürste zuleibe, rieb sie dann sorgfältig mit Schuhcreme ein, um sie zum Schluss mit einer weichen Bürste blank zu wienern. Die Fußwege sind heute gepflastert und wir laufen viel weniger. Meist reicht heute eine Abreibung der Schuhe mit warmem Wasser, um sie sauber zu bekommen.

Wie stolz war ich damals, als ich meine Schuhe alleine schließen konnte. Einen Knoten konnte ich problemlos machen, aber eine Schleife zu binden, stellte sich schon schwieriger dar. Irgendwann klappte auch das. Heute tragen die Kinder vorwiegend Schuhe mit Klettverschluss. Irgendwie und irgendwann werden auch sie lernen, eine Schleife zu binden.

Banken und Sparkassen

Ich erinnere mich noch daran, dass mein
Vater jeden Donnerstag mit seiner Lohntüte
nach Hause kam, denn die Löhne und
Gehälter wurden zu meiner Kindheit noch in
bar ausgezahlt. Der Inhalt war jede Woche
eine Überraschung, denn sein Lohn
schwankte, weil er so viele Überstunden
machen musste. Er öffnete die Tüte erst,
wenn er am Küchentisch saß. Rosi und ich
riskierten einen Blick auf das Klimpergeld,
von dem er uns meistens etwas zusteckte.
Weil Opa gehbehindert war, erledigte Mutti
die erforderlichen Wege für ihn. So holte sie
in seinem Auftrag die Pension von einer
Zahlstelle bei der Bahn ab. Natürlich in bar.
Die Mitbewohner zahlten die Miete in bar
und Handwerkerrechnungen wurden in bar
beglichen.
Sowohl Opa als auch meine Eltern hielten
ein paar Schweine und fütterten sie bis zur
Schlachtreife. Nach dem Verkauf der Tiere
kam der Viehhändler mit seiner dicken Brief-
tasche und brachte Bargeld. So wurde all
dieses Geld im Hause verwahrt, das meiner

Eltern in einer dunkelgrünen Kassette. Wo Opa sein Geld verwahrte. wusste ich nicht. Eventuell wurde mal ein Betrag zugunsten des Sparbuches eingezahlt.

Ich erinnere mich noch an mein erstes Gehalt von der Post im April 1962. In der Lohntüte lagen stolze 228 Mark. Das war ein Mehrfaches von der Lehrlingsvergütung, die meine früheren Mitschüler am Monatsende bekamen.

Seit 1957 wurden bereits bei den Banken Girokonten für die bargeldlose Lohn- oder Gehaltszahlung eingeführt. Erst als meine dreimonatige Grundausbildung erfolgreich hinter mir lag, durfte ich ein Girokonto beim damaligen Postscheckamt beantragen. Dazu kam, dass verheiratete Frauen laut Gesetz erst seit 1962 ein eigenes Konto beantragen durften. Auf dem Girokonto konnten nun also Zahlungen zu Gunsten oder zu Lasten gebucht werden.

Als Kind oder als Jugendliche habe ich zwei besondere Tage bei der Bank oder Sparkasse als die wichtigsten überhaupt empfunden:

Den Weltspartag am 31. Oktober und den zweiten Januar, sofern dieser auf einen Wochentag fiel.

WARUM?

Der Weltspartag findet immer in der letzten Oktoberwoche statt. An diesem Tag bringen die jüngsten Kunden ihr Erspartes zur Bank, um den Betrag auf einem Sparkonto gutschreiben zu lassen. Wie in jedem Jahr wartet ein Weltspartagsgeschenk auf die Kids, die sich mit der Spardose in den Händen in einer langen Schlange einreihen müssen.

Für mich war dieser Tag bedeutsam, denn es gab Geschenke. Mit einem Stundenplan, einem Kugelschreiber oder anderen sinnvollen oder weniger sinnvollen Dingen und der leeren Spardose ging man nach Hause. Glücklich und zufrieden, denn man hatte eine Zuwendung erhalten.

Aber nicht nur die Kleinen, sondern auch viele Erwachsene erhofften an diesem Tag ein Werbegeschenk. Es herrschte Hochbetrieb und ich beschloss, auch bei den anderen beiden Banken ein Sparkonto durch meine Eltern eröffnen zu lassen. Mehr

Konten – das hieß gleichzeitig mehr Weltspartagsgeschenke.

Am zweiten Januar ließ sich Groß und Klein die Zinsen im Sparbuch eintragen. Auch an diesem Tag war dort dder Bär los, obwohl man doch sicher sein konnte, dass der Zinsbetrag für das vergangene Jahr auch nach einer Woche oder einem Monat derselbe geblieben war.

Nach meiner ersten Hochzeit waren wir Kunden der Kreissparkasse. Die bot den Bankkunden Rat und Hilfe in modern gestalteten Räumen an. Nette junge Mitarbeiterinnen standen hinter dem Tresen und füllten fleißig Vordrucke für die Kunden aus. Mal ging es um Überweisungen, mal um Baraus oder -einzahlungen. Dann warf die Bankangestellte einen Blick auf den Kontostand und händigte die Kontoauszüge aus. Mit dem Auszahlungsbeleg ging man zum Schalter. Hinter einer dicken Glasscheibe saß der Kassierer und zahlte den Kunden den gewünschten Betrag aus. So konnte man leicht verfolgen, wie viel Geld Herr Meyer oder Frau Müller in die Geldbörse steckte. Auf Diskretzonen wurde in den 60er Jahren noch nicht hingewiesen.

An der gegenüberliegenden Seite waren die Sachbearbeiter für die Sparkonten und die Darlehn zu finden.

Ich erinnere mich mit einem lachenden und einem weinenden Auge an ein Malheur, was dem kleinen Andreas einmal in der Sparkasse passierte. Wenn er mich begleitete, ging er meistens schnurstracks zum netten Kassierer, um mit ihm zu plaudern. Sicher hatte der ihm wieder ein paar Bonbons zugesteckt. Plötzlich hörte ich Andreas herzzerreißend schreien. Was war passiert? Zwischen der hölzernen Frontplatte des Tresens und der dicken überstehenden Marmorplatte als Abdeckung war ein Spalt. Breit genug um seinen Arm dort hinein zu stecken. Vermutlich hatte er sein Ärmchen leicht in diese böse Falle stecken können, aber er bekam es nicht wieder heraus. Kunden, Mitarbeiter – alles lief zusammen um zu sehen, was da passiert sein mochte. Man hörte Stimmen: „Die Marmorplatte muss angehoben werden". „Sofort den Notarzt anrufen". Und so weiter.

Beruhigend redete ich auf Andreas ein und versuchte vorsichtig, seinen Arm zu drehen. „Man muss Seife holen! Dann flutscht es besser.", hieß es wieder.

Es dauerte eine ganze Weile, bis die Show vorüber war, Andreas sich beruhigt und mein Blutdruck wieder Normalwerte angenommen hatte.

Damals hätte ich mir im Traum nicht vorstellen können, dass ich einmal als Bankangestellte tätig sein würde. Aber so sollte es kommen: Im Jahr 1989 bekam ich einen Arbeitsplatz in Bremen bei der PSD Bank, dem Post Spar- und Darlehnsverein, wie er vor der Dreiteilung der Post hieß. Ich besuchte zahlreiche Lehrgänge und blieb meinem Arbeitgeber bis zum Eintritt in den vorzeitigen Ruhestand 19 Jahre lang treu. Bis zur Fusion mit der Hamburger PSD Bank war ich Spezialistin für Kontoschließungen. Gerade die Bearbeitung der Kontoauflösung im Sterbefall war interessant und konnte manchmal recht schwierig und arbeits-intensiv sein. Nach der Zusammenlegung wurde ich Teamleiterin und fuhr meistens einmal wöchentlich nach Hamburg.

Die PSD Bank bot ein lukratives Angebot an: das Wachstumssparen. So ein Vertrag lief über sechs Jahre. Der Zinssatz steigerte sich von Jahr zu Jahr, es war so ein Jelängerjelieber-Konto. Anfang der 90er Jahre betrug der Zinssatz im sechsten Jahr stolze 9,25 %. Heute kaum vorstellbar bei den seit Jahren gültigen Mini-Zinssätzen. Der Vorstand vermittelte uns, dass die Kunden unsere Bank als Kümmerer-Bank sehen sollten. Der Kunde war König und wurde umworben. Es dauerte nicht lange, bis der Kunde zur Selbständigkeit aufgefordert wurde. Und das war bei allen Banken und Sparkassen so.

Bankautomaten ersetzten den Kassierer. Ohne den Schalterraum zu betreten, kann der Kunde sich heute die Kontoauszüge ausdrucken lassen und seine Überweisungen tätigen. Telefon- und Onlinebanking erlauben sicheren und bequemen Kontakt mit der Bank. Ein Sparbuch ist Schnee von gestern, es wurde durch eine Sparcard ersetzt. Das ist aber nun auch egal,

Hauptsache, es ist Geld drauf. Aber bloß nicht zuviel, denn sonst kostet es den Sparer zurzeit Strafzinsen.

Hochzeit

Der Hochzeitstag wird häufig als der schönste Tag im Leben bezeichnet. Das war schon früher so und auch heute wird das so empfunden. Dennoch hat sich im Laufe der Zeit vieles zum Thema Heirat und Hochzeit verändert.

Verliebt, verlobt, verheiratet – diese Reihenfolge wurde früher meistens eingehalten. Die Verlobung, oder das Eheversprechen, wurde ebenso wie die Hochzeit in der Zeitung per Anzeige bekannt gegeben. Das brachte immerhin zusätzliche Geschenke ein. Manch-mal dauerte die Verlobungszeit allerdings nicht lange, weil sich bereits Nachwuchs angemeldet hatte. Oma und Opa umschrieben das früher so:

„Dor wör de Polizei achter. De mössen heiraten."

Als Kind konnte ich das nicht verstehen, als 20-jährige habe ich das selbst erlebt.

Viele Sitten und Bräuche galten damals, so wie auch noch heute:

Früher war es nicht selten, dass die Braut-schuhe mit Pfennigen bezahlt wurden.
Die Mädchen sparten seit ihrer Schulzeit dafür. Das sollte dem Bräutigam symbolisieren, dass er sich eine sparsame und treue Frau ausgesucht hatte. Eine Münze, die während der Feier im Schuh getragen wird, soll für ein Leben ohne finanzielle Nöte sorgen.

Eine alte Zeremonie ist der Polterabend, der einen oder mehrere Tage vor der Ehe-schließung stattfindet. Nachbarn, Freunde, Verwandte und Bekannte werfen Porzellan und Keramikteile vor die Haustür des Paares, um die bösen Geister zu vertreiben. Glas ist das Symbol für Reinheit und wird deshalb nicht zerschlagen. Die Brautleute kehren die Scherben gemeinsam zusammen.

Statt Polterabend wird heutzutage häufig der Junggesell/innenabschied gefeiert. Das ist der symbolische Abschied der „wilden" Zeit. Braut und Bräutigam feiern getrennt voneinander mit Trauzeugen und Freunden. Die Hauptpersonen haben, oft verkleidet, peinliche Spiele, fiese Aufgaben oder Aktivitäten zu erledigen, die den Organisatoren mehr Freude bereiten als dem Bräutigam oder der Braut. Ein schlechtes Timing für so einen Event hatte nicht selten zur Folge, dass der Bräutigam verkatert vor dem Traualtar stand.

Weit verbreitet ist die Tradition, dass das Brautpaar gemeinsam die Hochzeitstorte anschneidet, wobei beide gleichzeitig das Messer halten. Es heißt, dass der, dessen Hand oben liegt, später in der Ehe das Sagen hat.

Das Brautstrauß-Werfen ist ein aus den USA stammender Brauch, der sich auch bei uns großer Beliebtheit erfreut. Die Braut wirft den Brautstrauß in die Menge der unverheirateten weiblichen Gäste. Meist handelt es sich um eine Miniausgabe des Brautstraußes, denn das Original wird häufig getrocknet aufbewahrt. Die Fängerin gilt als nächste Braut.

Früher und noch heute ist das Baumstammsägen ein Brauch. Nur wenn das Paar gemeinsam und gleichmäßig am Sägeblatt zieht, wird es sich nicht im Stamm verhaken. Und auch später nicht in der Ehe.

Die Gäste haben leere scheppernde Blechdosen an der hinteren Stoßstange angebracht. Der Krach soll auf dem Weg von der Kirche zur Feierlocation böse Geister vertreiben und dem Paar Aufmerksamkeiten verschaffen. Laut hupend folgen die Gäste in ihren Autos.

Freunde und Bekannte bilden vor der Kirche eine Gasse. Aus Gegenständen, die meist mit Beruf oder Hobby der Brautleute in Verbindung stehen, wird ein Spalier gebildet, durch das das Brautpaar schreitet. Wieder ein Symbol für Gemeinsamkeit – schon früher und auch heute noch.

Das Bettlakenherz ist eher ein neuerer Brauch. Die Namen der Brautleute und das Hochzeitsdatum werden in großen Buchstaben auf das Laken gemalt. Braut und

Bräutigam bekommen eine kleine Schere in die Hand und müssen das Herz aus- schneiden, um dann durch die entstandene Öffnung zu steigen. Diesen Brauch gab es früher sicher noch nicht, denn es war doch viel zu schade, ein Bettlaken einfach zu zerschneiden. Heute hat man eher Schwierigkeiten, ein Leinen- Bettlaken zu bekommen.

Ein sehr schöner Brauch ist es, später aus dem Brautkleid ein Taufkleidchen zu machen.

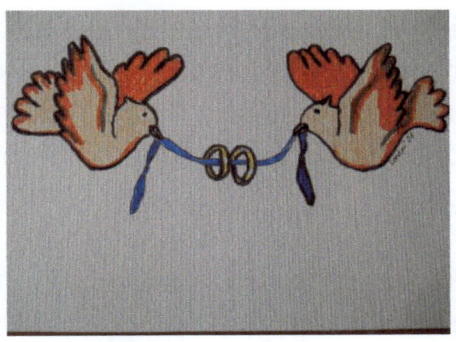

Zwei schneeweiße Tauben oder gleich ein ganzer Schwarm - das Fliegenlassen der Vögel als Liebesboten soll dem Paar Glück und Wohlstand bringen. Der Anbieter liefert die Tauben im Korb, die ihren Weg allein in den Taubenschlag zurückfinden.

Aber nicht nur Tauben lässt die Hochzeitsgesellschaft gern in die Luft steigen. Oft sind es herzförmige, mit Helium gefüllte Luftballons mit anhängendem Kärtchen, auf denen gute Wünsche für das Paar festgehalten wurden. Die Namen der Frischvermählten dürfen nicht fehlen, denn so hat ein Finder des Kärtchens Gelegenheit, dem Paar zu gratulieren.

Aus Asien stamm der Brauch des Reiswerfens auf das Brautpaar. Der Reis wurde inzwischen häufig durch Blütenblätter ersetzt oder es werden Seifenblasen in die Luft gepustet.

Früher konnte man manchmal einen mit Frack und Zylinder gekleideten Hochzeitsbitter sehen, der mit seinem mit bunten Bändern geschmücktem Fahrrad unterwegs war, um die Gäste zur Hochzeit einzuladen. Alkoholische Getränke und ein passender

Spruch sollten nicht fehlen. Vom Brautpaar bekam er einen Wanderstock mit, an den jeder eingeladene Gast ein Bändchen binden musste. Es gibt sie auch heute noch, die Hochzeitsbitter, aber sie sind sehr selten geworden.

Die Brautentführung ist ebenfalls ein alter Brauch. Meist sind es gute Freunde des Brautpaares, die in einem unbeobachteten Augenblick die Braut entführen. Zusammen mit weiteren jüngeren Gästen geht es in eine andere Kneipe vor Ort, wo weitergefeiert wird. Der Bräutigam folgt einigen Hinweisen, wo er seine Braut wiederfinden kann. Ist ihm das gelungen, muss er erst eine Aufgabe erledigen, bevor er seine Braut auslösen kann und dem Wirt die Rechnung zahlt.
Meine erste Hochzeit wurde im kleinen Kreis in Müllers Bauerndiele gefeiert. Wir feierten im Clubzimmer. Auch eine Braut muss mal in die Porzellan-Abteilung. Also gings durch die Gaststube, über den Flur zum WC. Als ich auf dem Rückweg wieder durch die Gast-

stube wollte, betrat ein anderer Bräutigam
die Kneipe und rief ganz aufgeregt:
„Man hat meine Braut entführt. Ist sie hier?"
Dann sah er mich, griff nach meinem Arm
und herrschte mich an: „Da bist du ja
endlich. Komm mit!"
Wie mag er sich erschrocken haben, als er
feststellte, dass Braut nicht gleich Braut ist.
Seine wird er woanders gefunden haben.

Die Braut wird vom .frischgebackenen
Ehemann über die Schwelle getragen, denn
das Brautpaar sollte die Wohnung nicht auf
normalem Weg betreten. So ist die Braut
sicher vor Dämonen, die es auf sie abgesehen
haben.

Eine weitere Tradition ist, dass die Braut am
Hochzeitstag etwas Blaues, etwas Neues,
etwas Altes und etwas Geborgtes als
Accessoire trägt. Das Alte symbolisiert die
Vergangenheit der Braut, die Mutter oder
Oma hält oft das Passende bereit. Etwas
Neues steht für Hoffnung und Optimismus,
womit die Braut das neue Leben beginnt.
Etwas Geborgtes soll das Glück eines

verheirateten Familienmitglieds auf die Braut übertragen. Etwas Blaues zur Brautausstattung steht traditionsgemäß für Reinheit und Treue.

Der Brauch der Blumenkinder ist sehr beliebt und wird auf fast jeder Hochzeitsfeier zelebriert. Festlich gekleidete Kinder werden mit einem Körbchen voller Blütenköpfe oder Blütenblätter ausgestattet. Nach der Zeremonie ebnen die gestreuten Blüten oder Blätter den Weg der Frischvermählten. Es handelt sich um einen heidnischen Brauch, der dem Paar Kindersegen bescheren soll. Dem Duft der Blüten wird eine anziehende Wirkung auf die Fruchtbarkeitsgötter nachgesagt.
Ich war knapp vier Jahre alt, als ich zusammen mit Dieter aus der Nachbarschaft auf einer Hochzeit Blumen streuen durfte oder besser gesagt, sollte. Es war ein eis-kalter Dezembertag im Jahr 1949. Blüten und Blütenblätter waren zu dieser Zeit eine Rarität. Es gab zum Glück Blüten von winterharten Stiefmütterchen. Ich trug ein hübsches rosa Kleidchen und hielt in der

Hand ein Körbchen, gefüllt mit gelben und blauen Stiefmütterchenköpfen.

Als die Trauung vorbei war und Hans mit seiner Hanna im Arm die Kirche verließ, forderten die beiden uns auf, die Blüten zu streuen. Aber das war mir doch wirklich zu schade. Sollten die beiden tatsächlich darauf rumtrampeln? Dieter hatte sich überreden lassen und streute fleißig die Blumen aus seinem Korb. Beflissen suche ich sie wieder auf. Freunde hatte ich mir in diesem Moment wirklich nicht gemacht.

Wir durften im Brautwagen mit zurück fahren und ich musste mir einiges zu meinem Verhalten anhören. Darauf kippte ich gleich die ganze Blumenladung aus, vor die Füße der Braut. Hier im Wagen konnte sie nicht so leicht die Blüten kaputt treten. War aber inzwischen auch egal, so welk, wie die Stiefmütterchen inzwischen aussahen.

Der Duft hat aber wohl doch die Fruchtbarkeitsgötter erreicht, denn das erste Töchterchen kam im Oktober zur Welt.

Gute Freunde oder die Trauzeugen versuchten häufig, den Frischvermählten die

Hochzeitsnacht zu vermiesen. So wurden Glöckchen unter die Matratzen gebunden, die in dieser Nacht nicht aufhören wollten zu bimmeln. Es kam auch vor, dass die Matratzen komplett aus den Betten geräumt wurden.

Wenn man Samstagmorgen die Anzeigen in der Kreiszeitung anschaute, so fand man unter der Rubrik „Tiermarkt" reihenweise kleine Anzeigen mit dem Text: „Suche neugeborene Ferkel.Telefon-Nr.".
Waren es tatsächlich gute Freunde oder vertraute Personen, die eine solche Anzeige mit der Rufnummer des Brautpaares aufgaben?

Leicht zu erkennen, dass es sich bei den Hochzeitsbräuchen um Traditionen handelt, die schon früher und auch heute noch das Herz bewegen. Etwas aber hat sich doch geändert:
Wenn das frisch getraute Paar aus der Hochzeitskutsche, dem geschmückten Brautwagen oder gar einer Stretchlimousine

steigt, kann man nicht sicher sein, ob es sich um ein Pärchen handelt. WARUM?
Es könnten sich durchaus auch um zwei Gleichgeschlechtliche handeln, die sich das Jawort gegeben haben. Denn das ist laut Gesetz seit 2001 möglich.

Friedhof

Das Grab ist für viele Menschen der Ort, an dem sie ihrer verstorbenen Familienangehörigen gedenken. Nahe Verwandte geben sich große Mühe, es zu pflegen und bringen ihre Liebe für den Verstorbenen mit Blumenschmuck und Dekoration würdevoll zum Ausdruck. Es ist wunderschön, einen Spaziergang über den Friedhof zu machen, der sich im Laufe der Jahre erheblich verändert hat. Rund 1000 Schritte sind es, wenn man durch die letzte Pforte nahe der Bahnlinie an der alten Sulinger Straße den Friedhof betritt, etwa bis zur Mitte geht und dann nach links durch die Weidenallee bis ans Friedhofsende an der Bahnhofstraße. Wir gehen dann meist den Parallelweg zurück. Gerade im Frühjahr ist es herrlich, die Blumendüfte zu genießen, sich an der Farbenvielfalt und dem Vogelgezwitscher zu erfreuen. Viele Gräber sind wunderschön gestaltet, oft mit farbigem Kies ausgelegt. Manchmal treffen wir Bekannte und halten ein kleines Schwätzchen. Manchmal bleiben wir an einem Grab stehen und erinnern uns an das Leben des dort Ruhenden.

Wir treffen auch auf Grabstellen, die verwildert und ungepflegt aussehen. Was mag der Grund sein? Möglicherweise sind die Angehörigen aus gesundheitlichen Gründen nicht mehr in der Lage, das Grab zu pflegen. Oder WARUM? Keine Zeit? Kein Geld? Kein Interesse? Wer weiß. Auf dem Grabstein immerhin der Text „Geliebt und unvergessen".

Der Friedhof ist eine grüne Oase inmitten der Stadt. Im Laufe der Jahre sind viele Grünflächen zwischen den Gräbern entstanden, weil sich Angehörige nach 30 Jahren nicht für den Nachkauf der Grabstelle entschieden haben.

Die Bestattungskultur hat sich im Laufe der Jahre erheblich verändert. Früher, als ich noch Kind war, gab es selten eine Alternative zur Erdbestattung. Im Laufe der Jahre gab es mehr Feuerbestattungen und Urnenbeisetzungen. Viele Verstorbene wurden anonym bestattet. Das ist heute als Erdbestattung oder Urnenbeisetzung möglich. Gedenktafeln auf den verschiedenen Gräberfeldern sind mit Namen der Verstorbenen versehen. Von See-bestattungen hört man häufiger und auch Bestattungen in einem Friedwald werden beliebter. Es gibt auch Menschen, die zu Lebzeiten verfügen, dass sie ihren Leichnam der Medizinischen Hochschule für Forschungszwecke zur Verfügung stellen.

Meine Gedanken führen mich zurück in meine Kindheit. Ich erinnere mich an hohe alte Grabsteine, auf denen große weiße Engelfiguren standen. Die Gräber befanden sich zwischen der ersten und zweiten Pforte an der Eschenhäuser Straße. Diese Engel, die teilweise von Lebensbäumen, Wachholder oder anderen Koniferen verdeckt waren, flößten mir Ehrfurcht ein. Sie haben mich sehr beeindruckt. Andere kleine Mädchen hatten das Bedürfnis, sie zu berühren und zu streicheln. Und die Jungen? Die griffen schon mal zur Zwille und schossen einem Engel die Hand ab.
Auf der Bahnhofstraßenseite befinden sich noch heute die Gräber der Äbtissinnen, der Stiftsdamen, der Dechantinnen und der alten

Pastoren und Lehrer. Sie haben ihre letzte Ruhe unter zwei mächtigen Blutbuchen gefunden.

Früher gab es hier eine alte Gruft. Zwei schwere Eisenplatten mit halbrundem Griff mussten aufgeklappt werden, um in diese Gruft zu gelangen. Sie war häufig Anlaufstelle bei den Versteckspielen der Kinder. In den 50er Jahren trieb eine Verbrecherbande in Bassum ihr Unwesen. Die Räuber sollen Schinken, Wurst, Speckseiten und anderes Diebesgut in der Gruft versteckt haben. Der Gedanke war mir unheimlich, Lebensmittel aus einem Raum zu verspeisen, der einst den Toten gehörte.

Die Gruft wurde später zugeschüttet.

Bis 1971 fanden Trauerfeiern in der Friedhofskapelle statt, einem wunderschönen Fachwerkhaus mit Reetdach. In dem Jahr wurde es durch ein Feuer komplett zerstört. Ein Feuerteufel wurde dafür verantwortlich gemacht. Im Jahr darauf wurde die neue Friedhofskapelle oder Trauerhalle eingeweiht, daneben befanden sich die Leichenhallen. Nach einem Umbau im Jahr 2020 fand in den Räumen der ehemaligen Leichenhallen die Friedhofsverwaltung ihren Platz. Verstorbene befinden sich jetzt bis zur Beerdigung in den Kühlräumen der Bestatter.

Als Kind zog es mich häufig zu den Kindergräbern, deren Anblick mich sehr traurig machte. Heute gibt es dort auch ein Gräberfeld für die „Sternenkinder". Totgeborene Kinder aus dem Klinikverbund Bassum, Diepholz und Sulingen werden hier beigesetzt.
Auch die in Reih und Glied stehenden Kriegsgräber fand ich interessant. Auf dem einen Feld wurden Soldaten begraben, dem zweiten Kriegsgefangene.

Coronabedingt wurden die Trauerfeiern im Jahr 2020 und 2021 anders gestaltet. Zum Beispiel wurde die Anzahl der Trauernden in der Kapelle auf 25 begrenzt. Ebenso viele Trauergäste konnten draußen die Andacht verfolgen, die per Lautsprecher übertragen wurden. Der sonst übliche „Leichenschmaus" musste ausfallen, weil die Lokale geschlossen bleiben mussten. Auch ein größeres familiäres Treffen war wegen Corona nicht möglich.

Noch heute kann man verfolgen, dass jede Bassumer Ortschaft, die zum Kirchspiel Bassum gehörte, ihren eigenen Bereich auf dem Friedhof hatte. Das hat sich im Laufe der Jahre doch etwas vermischt.
Die Flüchtlinge und die Vertriebenen hatten verständlicherweise kein Familiengrab im Bassum. Der Friedhof wurde in den 50er Jahren erheblich vergrößert und dehnte sich in Richtung Bahnlinie aus. Hier fanden die Verstorbenen der Flüchtlinge und Vertriebenen, die oft der katholischen Kirche angehörten, ihre letzte Ruhestätte. Es ist interessant, dass zu Allerseelen und den anderen stillen Feiertagen gerade auf dem „neuen Friedhof" zahlreiche Grablichter brennen. Die findet man auf dem „alten Friedhof" kaum, denn hier sind vorwiegend die evangelischen Christen beigesetzt.
Auf dem „neuen Friedhof" sind inzwischen viele Urnengräber zu finden. Daneben liegen die großen Gräberfelder für die anonym Bestatteten.

Christa Bohlmann
geb. 1945, verheiratet, Bankkauffrau
seit Jan. 2008 im Ruhestand
www.Bohlmann.jimdofree.com

Bereits veröffentlicht:
2000 **Erinnerungen**
Heitere Schmunzelgeschichten aus den
50er/60er-Jahren
Eigenverlag

2001 **Mixed-Pickles**
Anekdotensammlung: Wirkliches,
Erlauschtes. Erlebtes, Erdachtes
Eigenverlag

2002 **Kein Schatten ohne Licht**
Diagnose Brustkrebs
BoD ISBN 3-8311-4268-8

2003 **Die Buschs**
Blicke hinter die Kulisse einer
Kleinstadt-Idylle, Roman
BoD ISBN 3-8311-4926-7
nicht mehr lieferbar

2005 **Kalle Korn**
Aus dem Leben eines Ermittlers,
Roman
BoD ISBN 3-8334-2589-X

2006 **Bad Meinberg – einmal anders
gesehen**
Fantastische Erzählung
BoD ISBN 9-783837-024462-3

2009 **Weihnachtliche Herzenswärmer**
Wahre und fantastische
Kurzgeschichten
BoD ISBN 9-783839-13269-2

2009 **Aufs Mäulchen geschaut**
Anekdotensammlung von Kindern für
Erwachsene
BoD ISBN 9-7838391-21337

2010 **Weihnachtliche Wintermärchen**
Fantastische Kurzgeschichten
BoD ISBN 9-783842-30652-3

2011 Weihnachtliche Seelenschmeichler
Fantastische Kurzgeschichten
BoD ISBN 9-783844-801804

2012 Bella – mehr schwarz als weiß
Roman
BoD ISBN 9-783844-801804
nicht mehr lieferbar

2013 Weihnachtliche Plaudereien
Weihnachtliche Kurzgeschichten
BoD ISBN 9-78732-281145

2014 Bittersüß
Roman
BoD ISBN 9-783735-770820

2014 Bold is Wiehnachten
plattdeutsche Weihnachtsgeschichten
BoD ISBN 9-783738-604139

2015 Apfelgrün und blutrot
Roman
BoD ISBN 9-783738-646627

2016 **Haarscharf**
Roman
BoD ISBN 9-783741-291227

2017 **Als Oma noch Kind war**
Erinnerungen an die 50-er,60-er Jahre
BoD ISBN 9-783746 001524

2018 **Wenn Oma und Opa erzählen**
Erinnerungen an die 50-er, 60-er Jahre
BoD ISBN 978-3-7528-8521-7

2019 **Eiskalt**
Kriminalroman
BoD ISBN 9-783749-499816

2020 **Früher als es noch schneite**
Erinnerungen an die 50-er,
60-er Jahre
BoD 978-3-751 984638

Alle Bücher erhältlich unter
www.bohlmann.jimdofree.com